Brigitte Grunert
Die Berliner Mundart
Ein Sprach(ver)führer

Inhalt

Am Anfang: Schmelztiegel Berlin

„Na wat denn, na wat denn, wat is det für ne Stadt denn?“ So klang es in Kurt Weills „Berlin-Hymne“ von 1928. Und so wundert man sich auch heute. Ach was, Berlin ist immer im quirligen Werden. Das ist schon seit dem Mittelalter so. Und danach ist auch die Schnauze modelliert. Das Berlinische ist mehr als eine Mundart. Es ist Ausdruck einer Mentalität. Der Witz muss blitzen, die trockene Pointe sitzen. Wer diesen ironisch schlagfertigen Ton nicht trifft, kann überhaupt nicht richtig berlinern. Er redet bloß ordinären Jargon; da fehlt der Pfiff.

Es war in einem Schöneberger Kiez-Lokal. Ich machte dem Kellner klar, dass ich es eilig hatte. Die knappe Antwort kam wie aus der Pistole geschossen: „Kommt sofort, der Wirt brät heute uff zwee Pfannen!“ Und mit einem hintergründig komischen Satz umriss die Politikerin Regine Hildebrandt nach der Wende das ganze Dilemma der geteilten Stadt (vor dem Mauerbau): „Wenn ick bei uns aus Fenster jekiekt habe, denn war ick mitn Hintern im Osten und mitn Kopp im Westen“. Sehn Se, das is Berlin.

Für Theodor Fontane war das Berlinische etwas, „darin sich Übermut und Selbstironie, Charakter und Schwankendheit, Spottsucht und Gutmütigkeit, vor allem aber Kritik und Sentimentalität die Hand reichen“. Klingt durchaus aktuell. Der Berliner macht sich über alles und jeden lustig – sehr direkt, schnodderig, undiplomatisch, respektlos, ruppig, rebellisch, ja subversiv. Andererseits ist er offen, unprätentiös und in seiner Skepsis von nüchternem

Realitätssinn. Zuwanderer erschreckt die großmäulige Grobheit dieser anstrengenden Spezies. Aber Zugereiste sind hier stets willkommen – und lassen sich schließlich doch ans Herz der Stadt drücken. Herz mit Schnauze – so sieht sich der Berliner selbst am liebsten. Er hat ja „Jemüt". Man muss nur erst dahinter kommen. Als ich einer Bekannten, die ich zufällig traf, von der Sorge um einen kranken Angehörigen erzählte, meinte sie teilnahmsvoll: „Ach Jottchen nee, denn machta woll nich mehr lange." Es war direkt zum Piepen.

Der Berliner zweifelt an allem. Folglich hat er immer etwas zu meckern. Doch er setzt sich auch über alle Widrigkeiten hinweg. Otto Julius Bierbaum brachte im 19. Jahrhundert die glücklichste Seite des Berliner Naturells auf den Punkt: „Humor ist, wenn man trotzdem lacht." So isses. Uns kann keener, uns könnse alle mal! Diesen Grundton schmetterte auch Paul Lincke im Text seiner Berliner Luft, Luft, Luft in die Welt. Zum Berliner Witz gehören die Übertreibung, die Wortverdrehung, die Verdoppelung. In Oberschweineöde (Oberschöneweide) wohnt mein Lästerschwein (Schwesterlein), se macht ville Tamtam und is plemplem.

Woher kommt diese Mentalität, die sich im Idiom mitteilt? Na, aus dem ewigen Schmelztiegel Berlin. Sprache hat immer mit Siedlungsgeschichte zu tun, und Mentalitäten werden vom Gang der Geschichte geprägt. Bis zur Völkerwanderung siedelten im Berliner Raum die germanischen Semnonen. Im 7. Jahrhundert rückten die slawischen Spreewanen und Heveller nach, die sich die Reste der Semnonen abhängig machten. Ortsnamen wie Buckow, Rudow, Spandau (ursprünglich Spandow) und die Namen ganzer Adelsgeschlechter wie die Bredows und Quitzows sind slawischen Ursprungs. An das einstige Siedlungsgemisch erinnert beispielsweise an der Havel zwischen Zehlendorf und Spandau die Liper Bucht mit der vorgelagerten Insel Lindwerder; Linde heißt auf Polnisch lipa. Die deutsche Besiedlung der Mark begann unter dem Askanier Albrecht dem Bären im 12. Jahrhundert. Seine Nachfahren holten Siedler aus dem Gebiet zwischen Elbe, Saale und Harz – Friesen, Niederrheiner und Westfalen – in die Mark. Deshalb ist das niederdeutsche Platt die Urmutter des Märkisch-Berlinischen. Ick, kieken, Töle, Padde, Appel sind auffallende Relikte. Cölln und Berlin, seit 1237 und 1244 urkundlich erwähnt, mauserten sich als Doppelsiedlung zur Handelsstadt. Die handelspolitische Orientierung nach Norden – Berlin gehörte im 14. Jahrhundert zum Hanse-Bund – festigten den Dialekt. Die Hanse-Sprache hatte Prestige. Das änderte sich auch zunächst nicht durch die Hohenzollern aus Franken, die seit 1411 die Herren Brandenburgs waren und Oberdeutsch sprachen. Es interessierte die Untertanen nicht.

Erst im 16. Jahrhundert begann der lange Wandel zur Stadtsprache unter dem Einfluss des Mitteldeutschen. Der Niedergang der Hanse, aus der Berlin 1518 austrat, zwang die Kaufleute, sich wirtschaftlich nach Mitteldeutschland zu orientieren. Man blickte auf die Handels- und Universitätsstadt Leipzig, die zugleich mit Wittenberg und Jena ein geistiges Zentrum bildete. Von dort sickerte nun das Obersächsisch-Frühneuhochdeutsche in den niederdeutschen Dialekt. Um dieselbe Zeit setzte sich das frühe Hochdeutsch auch im Berliner Raum als Schriftsprache durch. Daher sank die „Muttersprache" seit dem 17. Jahrhundert zum Dialekt der Unterschicht herab. Bei Hofe sprach man natürlich überwiegend Französisch und entsprechend schlecht Deutsch. Der Dreißigjährige Krieg war wieder eine Zäsur. Die Einwohnerzahl Berlins sank von 10.000 auf 6.000. Die verwüstete Mark brauchte Menschen, die ihr Handwerk verstanden, Menschen als wichtigstes Kapital. Toleranz aus Nützlichkeitserwägungen bestimmte die unter

Friedrich Wilhelm, dem Großen Kurfürsten, einsetzende preußische Einwanderungspolitik. Er holte tüchtige Leute aus den wirtschaftlich blühenden Niederlanden. 1685 öffnete er mit dem Edikt von Potsdam die Tore weit für protestantische Glaubensflüchtlinge aus Frankreich, die Hugenotten. Um 1700 hatte Berlin knapp 29.000 Einwohner; etwa jeder vierte bis fünfte war ein Hugenotte. Unter dem Soldatenkönig Friedrich Wilhelm I. kamen böhmische und Salzburger Protestanten dazu. Alle diese Zuwanderer erhielten – modern ausgedrückt – eine großzügig bemessene Existenzförderung. Zudem waren die Hugenotten Calvinisten wie die Hohenzollernherrscher. Seit 1789 ergänzten Revolutionsflüchtlinge aus Frankreich die französische Kolonie.

1671 wurden die ersten wenigen fremden Juden aufgenommen, sie waren aus Wien ausgewiesen worden. Aber die jüdischen Zuwanderer wurden nicht privilegiert, sondern bald erdrückend reglementiert. Sie mussten reiche Händler mit guten Handelsverbindungen sein, viel Geld mitbringen und hohe Abgaben entrichten. Damit waren auch sie nützlich. Doch weil es nun reiche jüdische Familien gab, entfaltete sich im 18. Jahrhundert eine jüdisch-großbürgerliche Kultur in Berlin. Das Ephraim-Palais im Rokokostil in Berlin-Mitte vermittelt eine Ahnung davon. Moses Mendelssohn und seine christlichen Freunde, Gotthold Ephraim Lessing und der Berliner Verleger Friedrich Nicolai, gaben der Aufklärung starke Impulse. Juden gehörten fortan zu den Wirtschafts- und Geistesgrößen der Stadt.

Revolutionen kommen von unten. Im Vormärz wurde der Berliner Dialekt der unteren Stände zur Sprache des Protests – und von Volksdichtern bühnenreif gemacht. Als sich die Stadt in der zweiten Hälfte des 19. Jahrhunderts zur Industrie- und Reichshauptstadt entwickelte, kamen die Zuwanderer in Scharen von überall her; Industrielle,

Intellektuelle und kleine Leute vorwiegend aus den preußischen Ostprovinzen, dazu arme osteuropäische Juden, die Jiddisch sprachen. Die Stadt platzte aus den Nähten; sie wuchs ins Umland hinein. Die Schattenseiten von Preußens Glanz und Gloria waren in den Elendsquartieren zu besichtigen. All die Neuankömmlinge wollten etwas werden oder sich zumindest im Kampf ums Dasein behaupten, notfalls mit unverschämter Frechheit. Das märkische Platt wurde vom Großstadtjargon nach und nach abgedrängt. Willibald Alexis urteilte vernichtend. Er nannte das Berlinische einen „Jargon aus dem verdorbenen Plattdeutsch und allem Kehrricht und Abwurf der höheren Gesellschaftssprache". Die unteren Schichten wurden im 19. Jahrhundert zum Träger des Berliner Dialekts. Bei braven Aufsteigern indes war die „Proletensprache" verpönt. So kam es, dass das Berlinische der einzige Dialekt ist, den man abwertend als „Jargon" bezeichnet. Doch hatte die berühmt-berüchtigte treffsichere Berliner Schnodderschnauze mit ihrem Mutterwitz – vor allem unter Intellektuellen – auch immer ihre Liebhaber.
Abgesehen von den vielen fremden Sprachbrocken, die ganz einfach aufgesogen wurden – preußische raue Nüchternheit, französische Wortkaskaden, jüdische Selbstironie, Zille sein Milljöh, der Esprit der Intellektuellen und der Gossenjargon haben das Mundwerk der Berliner riesengroß und die Seele wetterfest gemacht. Davon zehrte man in den Nöten der Nazi-Diktatur. Und damit war man in der Nachkriegszeit auch gegen die Schikanen der Teilung gewappnet. Nur der wortschöpferische Einfallsreichtum ließ nach. Die Berliner bedienten sich weitgehend der Redewendungen, Kraftausdrücke, Kalauer und Wortklamotten, die Volkspoeten und Literaten, Kabarettisten, Witze- und Anekdotensammler bis zu den zwanziger Jahren konserviert hatten.

Zu Mauerzeiten schlich sich peu à peu – es konnte nicht anders sein – ein geteiltes Identitätsgefühl ein. Derselbe Drang zur Selbstbehauptung brach sich auf unterschiedliche Art und Weise Bahn. In Ost-Berlin wurde das Berlinern ganz bewusst kultiviert. Man lebte mit sich selbst, kehrte den „Hauptstädter" heraus – und trotzte der Übermacht des Sächsischen im SED- und Staatsapparat der DDR. An der Sprache ließ sich der (Ost)Berliner Professor nicht mehr unbedingt vom Arbeiter unterscheiden. Auf der West-Berliner Insel bemühte sich dagegen zumindest jeder Aufsteiger Hochdeutsch zu sprechen. Bloß nicht im eigenen Saft schmoren. Weltoffenheit war das Ideal in den eigenen Mauern. Man war ja auch auf den Beistand der westlichen Welt angewiesen. Mit selbstironischem Trotz grüßten West-Berliner „Wessi-Land" oder gar „den Rest der Welt". Als die Mauer gefallen war, staunte plötzlich jeder über die Unterschiede im sprachlichen Selbstverständnis; neues Vokabular hat das Ereignis jedoch kaum hervorgebracht.
Berlina sind wa nämlich trotzdem alle jeblieben. Der Dialekt is nich dot zu kriejen. Man wird ihn kaum in den funkelnagelneuen Glaspalästen am Potsdamer Platz finden, auch nicht in den Bundestagsbüros und Bundesministerien. Aber sonst schon, so dass sich auch die neuesten Neuberliner daran gewöhnen können. Heute haben wir es nicht wie zu Mauerzeiten nötig, mit unserem Mundwerk als Markenzeichen und Exportschlager zu werben.
Tja, und wat kommt nu? Kann sein, kann nicht sein, dass die Quelle versiegt, aus der der typische Berliner Witz schießt. Doch eher ist anzunehmen, dass die Quelle auf ihre zeitgemäße Weise weiter sprudeln wird. Jede Zeit hat ihr eigenes Lebensgefühl, das sich selbstverständlich auch in der Sprache bemerkbar macht. Warten wirs einfach ab. Nüscht Jenauet weeß man nich!, pflegt der Berliner zu sagen, wenn von der Zukunft die Rede ist.

Vom Ursprung des Berlinischen

Dumme Gören, kesse Bengels

„Au Backe! Et klingelt. Det is det Fernjespräch! Emma, sperr ma de Jehrn in die Kiche, det se nich so brillen." So steht es in Kurt Tucholskys Kurzgeschichte „Ein Ferngespräch" von 1928. Dass Tucholsky auf e und i statt ö und ü berlinert hat, ist nicht weiter verwunderlich. Die Berliner Stadtsprache ist schließlich keine Schriftsprache. Außerdem hat sie eine gewisse Variationsbreite, weil sie immer vielen Einflüssen ausgesetzt war. Sie zerfiel sogar deutlich in Untermundarten. Das ist allerdings heutzutage kaum noch zu spüren.
Mönsch, achte auf die Müschung. Ob Göre und Gören, Jöre und Jörn oder Jehre und Jehrn – sie sind Berliner Kinder. Das Kleinste ist das Gör, die kleene Rotzneese. Mit der unerzogenen, dummen, rotzfrechen Jöre kann man sich nicht sehen lassen. Aber die kesse, aufgeweckte Jöre dient der stolzen Imagepflege, na klar. Merkwürdig: Im Singular handelt es sich immer um ein Mädchen; nur der Plural schließt die Bengels ein. Bei den Bengels stand übrigens das mittelhochdeutsche Wort *bengel* Pate, und darunter war ein grober Knüppel zu verstehen.
Die Schöneberger Sängerknaben schmettern unentwegt das Loblied auf die Berliner Jungs, die auf dem Kien sind: „Und wenn auch manche Leute schimpfen, oh, diese Bengels sind mit Recht so sehr verschrien, Berliner Jungens, die sind richtig, ja solche hellen Jungs, die gibts nur in Berlin." Die Göre ist seit dem 17. Jahrhundert ein Begriff.

Über ihre sprachliche Herkunft streiten die Gelehrten. Manche verweisen auf das abgestorbene niederdeutsche Wort *gor* für klein im Sinne von hilflos und armselig, andere auf die niederdeutsche *gure* oder *gurre* für eine schlechte Stute.
Wie sich die Gören doch herausgemacht haben. Seit dem 19. Jahrundert kennt man sie als kesse Berliner Gören, die sich im Arme-Leute-Milieu behauptet haben. Heinrich Zille sein Milljöh ist in die Literatur eingegangen. Kess ist aber nicht mit keck verwandt. Hier schlägt das Jiddische durch. Kess ist der hebräische Anfangsbuchstabe ch und der Anfangsbuchstabe des jiddischen Wortes *chochem*, was klug und listig bedeutet. Det se uffm Kien sind, helle eben, erinnert an den Kienspan aus harzreichem Holz, der sich wunderbar zum Feuer machen und Leuchten eignet. Doch Vorsicht. Womöglich ist man mit dieser Erklärung auf dem Holzweg. Peter Schlobinski bietet in seinem „Berliner Wörterbuch" noch zwei andere Deutungen für uffm Kien an. Die eine ist die Ableitung vom französischen Wort *quine* in der Bedeutung eines unverhofften Vorteils. Dafür spricht, dass die Redensart in der Zeit der napoleonischen Besetzung Berlins von 1806 bis 1808 aufkam. Es kann aber ebenso gut eine Ableitung vom jiddischen *kiwen* (aufmerksam, geschäftig) sein.
Manche Berliner nennen ihre Gören immer noch Blagen oder Bäljer (Singular Balch) wie weiland die geplagten kinderreichen Eltern vom Hinterhof. Ach, Blage kommt von Plage und Balch vom Wechselbalg, dem untergeschobenen Kind. Lauter Rabeneltern? Iwo, es ist bloß grob ausgedrückt, aber doch wohl ein liebevoll gemeinter Scherz – zumindest in unseren Tagen.

Sie Bachulke Sie, Sie Appelfatzke!

Sonnabendvormittag im Supermarkt. Es ist allerhand los. Die Kassen klingeln, die Förderbänder laufen von Großeinkäufen über, das Personal wirkt gestresst. Obendrein hält eine Kundin auch noch den Betrieb auf, indem sie sich ehrlich macht. Sie schiebt dem Kassierer die Münze wieder hin, die er ihr irrtümlich zu viel herausgegeben hat: „Der Groschen is Ihrer." Der Mann stutzt, begreift und flippt aus: „Na, wenn Se ma ooch janz varrickt machen ..."

Da biste bedient, denkt die Kundin, is ja ‘n reizender Fusselkopp, nich fürn Sechser Benimm. Und schon zischt sie zurück: „Sie, hörn Se mal, Sie wären woll ooch ohne Arbeit zufrieden!" Er muss ja nicht um sie herumscharwenzeln, aber das ist doch die Höhe. Vor ehrlicher Verärgerung gerät sie auf Hochdeutsch in Rage: „Wenn Sie sich von der Kundschaft verrückt machen lassen, dann haben Sie Ihren Beruf verfehlt!" Am liebsten hätte sie ihm noch ganz andere Freundlichkeiten an den Kopf geknallt: Sie Bachulke, Sie Appelfatzke, Sie! So ein Boofke aber aber auch. Der Blödmann muss doch ‘n Ding anne Bonnje ham.

Exakt so spielte sich die Szene ab. Typisch Berlin, nich fürn Sechser Benimm. Aus Jux sagt der Berliner Benimm statt Benehmen, und trotzdem hört man das Ulkwort aufschlagen wie ein Wurfgeschoss, bums. Die Rage, also die Wut, in die sich die Kundin redete (und noch mehr dachte), ist natürlich ein französisches Worterbe. Doch all die Kraftausdrücke, die ihr dabei einfielen, haben einst die Zuwanderer aus den preußischen Provinzen Brandenburg, Schlesien, Ostpreußen, Westpreußen und Posen mit ihren polnischen Minderheiten sowie osteuropäische Juden mitgebracht. Alles einfache Leute, für die der Kampf ums Dasein in der aufstrebenden Industrie- und Reichshauptstadt hart war, und so verhielten sie sich.

In dem ganzen Wortschwall steckt lauter Vokabular niederdeutscher und slawischer Herkunft. *Boofkes* waren im Niederdeutschen Schifferknechte, und die waren natürlich raubeinig. Der Boofke ist ein Flegel, der keine Manieren hat, obwohl er nicht so arm dran ist, dass er sich keine leisten könnte. Über die Vaterschaft des Fatzkes, dieses aufgeblasenen Wichtigtuers, streiten sich die Sprachgelehrten wie bei so vielen berlinisierten Wörtern. Appelfatzke und Hannefatzke sind nur Steigerungen von Fatzke; der Berliner liebt den Komparativ und Superlativ. Entweder ist der Fatzke ein Relikt des frühneuhochdeutschen Verbs *fatzen* (spotten, höhnen). Oder damit war abwertend jemand mit polnischer Abstammung gemeint. Dann käme der Fatzke vom Vokativ des polnischen Vornamens Wacek (tschechisch Vaclav, deutsch Wenzel). Dieser Name ist jedenfalls auch im Scharwenzeln verborgen, und damit ist übereifriges Dienern gemeint, übertriebene Höflichkeit. Die Bonnje ist zweifelsfrei slawischen Ursprungs; sie ist vom sorbischen *banja* für Kopf abgeleitet. Der Bachulke ist eigentlich ein Pachulke und slawischen Wörtern für einen ungehobelten Grobian entlehnt – polnisch *pacholek*, sorbisch *pachol*. Na also, so aufregend kann das Waffenarsenal des urberlinischen Mundwerks sein.

Mensch, leck ma doch de Bollen!

Manche Berliner sind frech wie Bolle. Andere amüsieren sich wie Bolle oder sind vajnücht wie Bolle uffm Milchwagen. Und die kleene kesse Bolle, die kenn wa ooch. Womöglich hat se Bollen im Strump, meent aba dreist: Loch an Loch, und hält doch!
Wenn man die Redensarten zerpflückt, drängt sich zuerst der unsterbliche Bimmel-Bolle auf. Er hat wahrlich die

Sprachfantasie beflügelt. Maurermeister Carl Bolle (1832 bis 1910) aus Milow an der Havel machte in Berlin in den Gründerjahren sein Glück. Er brachte es zum Millionen schweren Geheimen Kommerzienrat. 1881 gründete er seine Meierei mit ambulantem Milchhandel. Darauf geht die Supermarkt-Kette unserer Tage zurück, in der der Name Bolle fortlebt. Auf Bolles Pferdewagen müssen die Kutscher und die Bimmeljungs, die mit der Glocke den Hausfrauen die Milchlieferung ankündigten, recht lustig gewesen sein. Vergnügt wie Bolle auf dem Milchwagen wurde zum geflügelten Wort.

Vorläufer der Meierei waren Bolles Kuhställe in der Lützowstraße am Rande des Tiergartens samt Milchzelt und Gartenrestaurant, in denen sich die Spaziergänger erfrischen konnten. Der Volksmund nannte diese herzerwärmende Idylle „die Kuhstille". Doch bald wurde die Lützowstraße mit Mietshäusern für bessere Kreise bebaut, und schon lange ist von Idylle keine Spur mehr. Bereits seit 1867 betrieb Carl Bolle einen schwunghaften Handel mit Natureis, das er im Winter auf dem Rummelsburger See gewann und gut lagerte. Damit belieferte er vor allem Brauereien und Schlächtereien. Zusätzlich importierte er auch Eisblöcke aus den norwegischen und den Schweizer Bergen für seinen schwunghaften Handel.

Seit etwa 1870 ist die Redensart nachgewiesen, dass man sich amüsiert wie Bolle, aber da bleibt der Milchwagen weg. So wird bezweifelt, dass der tüchtige Unternehmer dafür Pate stand. „Aber dennoch hat sich Bolle ganz köstlich amüsiert", lautet der Refrain im Gassenhauer eines namenlosen Volkspoeten über jenen Herrn Bolle, der beim Pfingstausflug nach Pankow allerhand bis hin zur Keilerei mitgemacht hat, reichlich abamüsiert erst in der Morgendämmerung nach Hause kam und deshalb von seiner Ollen janz mörderische Dresche bezog.

Die kesse Bolle ist seit etwa 1900 ein Begriff. Das ist die aufgeweckte Berliner Jöre, frech, schlagfertig, gewitzt. Im 19. Jahrhundert kam das Wort Bolle für ein dickes Loch im Strumpf auf. Wenn die damals üblichen schwarzen Strümpfe Löcher hatten, wirkte die Haut hell wie eine Zwiebel (lateinisch *cibolla*). Und Zwiebeln heißen märkisch-berlinisch Bollen. Wiederum steht im alten märkischen Platt das Wort *boll* für hohl und auch locker. Das kommt vom althochdeutschen *bolla* (mittelhochdeutsch *bolle*). Darunter verstand man ein Gefäß, eine Schale.
Tja, und dann gibt es auch noch die anzügliche Lesart, dass Bollen für die Zeugungsorgane von Bullen stehen. Alles schwer zu entwirren? „Mensch, leck ma doch de Bollen!", wehrt der Berliner ab, wenn es ihm reicht. Ach, er hat ja keine Ahnung, wovon er da spricht.

Wie bei Hempels unterm Sofa

Vor dem Fest hing eine Weile der Haussegen schief, du heiljer Bimbam. Keen Wunder bei dem janzen Vorbereitungsklimbim. Mutter fing an zu wienern, weil es angeblich aussah wie bei Hempels unterm Sofa, is doch keene Kabache hier. Vatern jing der Putzfimmel uffn Wecker. Er wurde richtig ekelig, janz gnedderich.
In Berlin wird geackert, geschindert, geschuftet und – wie im Ruhrgebiet – malocht, was vom jiddischen *malocho* (schwere Arbeit) kommt. Wir haben als Kinder auf dem Lande bei Berlin auch noch rabottert. Die Vokabel hatten wir nach dem Krieg von den Russen aufgeschnappt. Später haben wir dann in der Schule gelernt, dass *rabotatj* arbeiten heißt. Doch das Rabottern hielt sich nicht. „Nee", bestätigte mir ein östlicher Handwerksmeister: „Von Russisch ham wa nich ville jehalten. Wir ham richtich berlinert, aba

wie, alle! Det kam ooch durch die janze Abschottung und denn durch so ville Sachsen bei uns, die immer janz jenau wussten, wo Gott wohnt. Wissen Se, wir hatten sowieso zwee Jesichter, eens bis Nachmittach um fümfe und eens uffn Abend, wenn wa privat warn, wa? Na ja, is vorbei, is ja nu allet anders jeworn."

Die Berliner Schnodderschnauze bekennt gerne, was ihr wurscht ist, wat ihr ejal is, ach was, piepejal, schnurz und piepe, schnurzpiepejal. Du liebe Güte, wer ahnt schon, was er da sagt. Klugen Büchern zufolge kommt schnurz von – niederdeutsch – *snurt* und *snart*, was ein „hörbar entweichender Darmwind" ist.

Auch *piepe* ist niederdeutsch, aber kein bisschen drastisch. Gemeint ist eine Weidenpfeife, wie sie sich Kinder auf dem Lande zurechtschneiden. Die Pfeife nennt man ja überhaupt auch Piepe. Den Schnodder hat man in der Nase (mittelhochdeutsch *Snuder*), auf Hochdeutsch den Schleim. Klar, dass der Schnodder sprachlich mit dem Schnupfen verwandt ist. Gnedderig aber ist ein übelgelaunter Mann. Er ist gnatschig; in Berlin sagt man auch scharf knatschich. Verbal heißt es gneddern und gnaddern. Und das alles steht lautmalerisch für knurren.

Wenn heilloses, unsauberes Durcheinander herrscht, sagt man seit etwa 1900, es sehe aus wie bei Hempels unterm Sofa. Diese Redewendung geht auf eine Episode zurück, die Carl Hagenbeck aus der Zirkuswelt der damaligen Jahrhundertwende erzählt hat. Danach fegte ein Budenbesitzer immer seinen Müll unter den Wohnwagen, statt ihn ordentlich zu beseitigen. Bis er schließlich irgendwo in Süddeutschland mit dieser dreckigen Entsorgungsmethode nicht mehr durchkam. Der Mann flog kurzerhand vom Platz. Daraus wurde das geflügelte Wort „wie bei Hempels unterm Wohnwagen", später „wie bei Hempels unterm Sofa".

Die Kabache ist eine elende Behausung. So nannte man auch abfällig die Wohnverhältnisse der Arbeiter in „Stube und Küche“ in den Berliner Mietskasernen mit den vielen Hinterhöfen. Kabache stammt aus dem Russischen: *Kabak* war eine erbärmliche Schenke, ein armseliges Häuschen. Bei uns aber ist alles blitzblank gewienert. Ja, wirklich, wer hätte es gedacht: Beim Wienern war der Wiener Putzkalk früher bei Handwerkern ein probates Mittel. Sehn Se, so kosmopolitisch is Berlin.

Der Fummel, die Fummelei, das Fummeln

Mit der Berliner Eleganz ist es nicht weit her. Wer etwas hat, zeigt es nicht gern. Vermutlich wäre diese Tradition ohne die Zeiten der Spaltung der Stadt gar nicht denkbar. West-Berlin war auf kräftige Finanzspritzen des Bundes angewiesen. Da wollten die Insulaner, nicht doof, denen aus Wessi-Land immerfort beweisen, wie nötig sie das „Rheingold“ hatten. Na, und im Osten jabs ja nüscht. Heutzutage aber achtet sowieso keener mehr uff seine Kleedage. Man geht leger, nicht nur an der Spree. Und wenn sich der Berliner wirklich mal in Schale schmeißt, dann mindestens mit einer Spur Selbstironie – wie man schon aus der Redewendung heraushören kann.
An der Kleedage (Kleidung) ist leicht der französische Sprachvolant aus Ulklust zu erkennen. Doch Kleedage ist out, höchstens noch im Scherz so genannt. Fummel, Klamotten (modische sind Designer-Klamotten, billige, die man nicht lange trägt, Hiphop-Klamotten) sind in, ebenso Kluft. Dabei sind Kluft und Klamotten ältere Wörter als Kleedage. Kluft ist überhaupt ein Wanderwort, das auf dem jiddischen *keliphas* (Schale) beruht. Es sickerte im 17. Jahrhundert ins Rotwelsch ein, im 18. in den Studentenjargon, im 19. Jahrhundert in die Soldatensprache, schließlich in die Sportsprache. Auch Pfadfinder hatten ihre Kluft. Manche alten Berliner reagieren allerdings allergisch auf das Wort Kluft, weil man die Uniform der Hitlerjugend so nannte.
Früher haben sich Frauen märkisch-berlinisch det jute Kleed überjeschmissen und sind feinjemacht losjebottet. Botten passen zwar nicht dazu, aber immerhin zur derben Ausdrucksweise der Berliner. Wer bottet, stiefelt tapfer los, womöglich macht er sich auf einen strapaziösen Weg. *Les bottes* sind im Französischen die Stiefel. Seit dem frühen 19. Jahrhundert botten die Berliner. Auch die Klamotten

stammen aus dem Rotwelschen; *klaffot* stand für Kleidung. Diese Klamotten haben also nichts mit großen Steinen zu tun, die nämlich vom böhmischen *klamol* (Brocken, Bruchstück) herrühren. Das vermischte sich im Theaterjargon mit der französischen *chamotte* (feuerfest gebrannte Tonerde) zur Theater-Klamotte, dem anspruchslosen Stück mit Sparwitzen.
Manche lassen sich im Laden 'n Fummel andrehen, der bloß fipsich is. Fipsig und fipsen sind Nebenformen vom norddeutschen *fitzen* und *fitzeln* (in kleine Stücke schneiden). Ein zu knapp geratenes Kleid – Kleed sagt kaum noch ein Berliner – ist fipsig. Ist der Stoff knapp bemessen, braucht man jedes Fitzelchen, um doch noch die richtige Passform zu zaubern. Die Fummelei lohnt sich hoffentlich. Ein Fummel kann ein dürftiges oder abgetragenes Kleid sein. Aber Fummel nennt man ironisch auch ein modisch gewagtes Kleid. Ein Fähnchen wirkt dagegen immer dürftig; Fahnen sind aus einfachem Stoff genäht, daher der Vergleich. Ob der Fummel, die Fummelei oder das Fummeln – sie kommen sprachlich aus dem Norddeutschen, nämlich von einer Lederfeile, die man Fummel nannte. Gemeint war ursprünglich: mit der Lederfeile reiben. Davon ist auch die anzügliche Bedeutung von fummeln hergeleitet (betasten, herumfingern). Und so bespöttelt der Berliner eine Liebesszene im Film auch als Fummelszene.

Erschossen wie Robert Blum

„Ick bin janz ab, erschossen wie Robert Blum", meinte die Blumenfrau: Kalt isses hier, so dicht an der Türe ziehts wie Hechtsuppe. Am liebsten würde sie, ehrlich gesagt, blau machen, aber so jeht ja die Schose nich, wäre nich astrein. Dass mich die Redensart mit Robert Blum überrascht hat, fand sie nun ihrerseits verwunderlich: „Wat? Dit kenn Se nich? Dis sacht man doch so bei uns, ick gloobe, dit is uralt. Wo't herkommt, weeß ick ooch nich."

Wer sich nicht wohlfühlt, ist kurz und knapp janz ab, nicht gerade krank, aber abgespannt, erschöpft, fix und fertig von dem janzen Feez. Abgespannt wie anno dunnemals die pflastermüden Transportpferde in der Großstadt, die zum Ausruhen ausgespannt wurden. Mit dem Feez, der vom festlichen Treiben (französisch *fête*) kommt, kann auf gut Berlinisch alles gemeint sein, was einem auf die Nerven geht, auch Überarbeitung, neudeutsch Stress. Doch was heißt erschossen wie Robert Blum? Das ist im Grunde genommen eine makabre Redensart. Macht dem Berliner aber nichts.

Robert Blum (1807 bis 1848) war ein führender und prominenter Liberaler in der Frankfurter Nationalversammlung. Er reiste 1848 nach Wien, um den dort im Kampf gegen die Regierung stehenden Aufständischen eine Sympathie-Adresse zu überbringen. Das war sein Unglück. Nach der Einnahme Wiens durch den Feldmarschall Windischgraetz wurde Robert Blum inhaftiert, zum Tode verurteilt und am 9. November 1848 erschossen. Seine Hinrichtung löste helle Empörung aus. Bald nach der Achtundvierziger Revolution sang man ihm zu Ehren inbrünstig ein damals sehr volkstümliches Trauerlied: „Oh, du verrat'nes Deutschland, dein größtes Heiligtum, erschossen ist dein Robert, dein treuer Robert Blum". Ein Gymnasium in Berlin-Schöneberg trägt seinen Namen.

Was mit Robert Blum passierte, war wahrhaftig nicht astrein. Das ist nun ein Vergleich mit wertlosem Holz, das für den Möbelbau nicht taugt. Es ist nicht astrein, weil es Astlöcher hat. Wer sich am Rande oder gar jenseits der Legalität bewegt, der verhält sich nicht astrein. Aber wieso macht einer blau, der die Arbeit schwänzt? Da stand der

blaue Montag Pate, der schon seit dem 16. Jahrhundert ein Begriff ist. Dafür gibt es allerlei Erklärungen. Eine bezieht sich auf die Wollfärber. Ein bestimmtes Blau musste über Sonntag im Farbbad einziehen, montags wurde die Wolle an der Luft getrocknet; die Gesellen hatten dann frei. Wenn die jährlichen Zunftfeste auf einen Sonntag fielen, gaben die Handwerksmeister am Montag darauf arbeitsfrei. An diesem Montag wurde auch für die Toten eine blaue Messe gelesen, so benannt nach der Farbe des Messgewandes. Wer hinterher ausgiebig zechte, war am Ende selber blau. 1731 wurde der blaue Montag durch die Reichshandwerksordnung abgeschafft; der Brauch hielt sich aber noch längere Zeit.
Nach einer alten Lesart zieht es wortspielerisch wie Hechtsuppe, weil diese auf dem Herd lange ziehen sollte. Wahrscheinlicher ist eine andere Deutung: Aus dem jiddischen *hech supha* (Sturmwind) wurde akustisch Hechtsuppe. Durchzug vertreibt immerhin den Hecht aus dem Zimmer, die schlechte Luft vom Tabaksqualm. Hier wurde allerdings das niederdeutsche Wort *hecht* für dicht irrtümlich zum Raubfisch. Nu sach mal eener an, so einfach is die janze Schose (Sache, französisch *chose*) tatsächlich nich.

Der Kintopp is nich dot zu kriejen

Opas Latschenkino ist schon lange tot. Doch der Kintopp is nich dot zu kriejen. Lächerlicher Streit, kleinliches Gezeter, künstliche Aufregung, viel Lärm um nichts – das ist der reenste Kintopp. Kiek mal an, dit kleene Heemekin macht 'n Riesenkintopp um sein bisschen Vorteil. Schtille biste, komm zu Dir! Den Kintopp mach ick nich mehr mit, det dauernd Hinz und Kunz mit ihrem Quatsch anjewackelt komm!

Den Kintopp bringt der Berliner immer gern unter, wenn ihm irrwitziges Hickhack auf die Nerven geht. Was aber hat es mit dem Topf auf sich? Gar nichts, zumindest nichts mit einem Gefäß.

Es geht um einen Pionier der Leinwand. 1906 wurde am Kottbusser Damm in Kreuzberg ein „Kinematographentheater" eröffnet; der Besitzer dieser Attraktion hieß Topp. Und so kam Herr Topp am Anfang der Kino-Ära zu der Ehre, dass sein Name in einer echt berlinischen Wortschöpfung verewigt wurde.

Herr Topp ist vergessen, obwohl jeder seinen Namen im Munde führt. Hinz und Kunz sind dagegen keine historischen Figuren, sondern ein beliebtes Begriffspaar für alle und jeden, und dies schon seit dem 13. Jahrhundert. Im Mittelalter waren diese Namen so häufige Kurzformen von Heinrich und Konrad, dass sie ihre Originalität verloren. Nur in Nachnamen leben sie fort. Leute wie Hinz und Kunz sind nichts Besonderes, unserer Beachtung nicht wert. So herablassend werden auch Krethi und Plethi behandelt. Nur sind sie noch viel älter; man kennt sie aus dem Alten Testament (2. Sam., 8, 18). Gemeint waren die Söldner der Leibwache von König David, denen man tunlichst aus dem Wege ging. Wahrscheinlich waren sie Kreter und Philister. Martin Luther hat übersetzt: Krether und Plether. Ick für mein Teil lass ma doch nich mit Krethi und Plethi ein (oder nicht mit Hinz und Kunz), sagt der Berliner, wenn er klarstellen will, dass er schließlich auf sich hält.

Das Heemekin (oder Heemeken) ist ein niederdeutsches Heimchen, eine Grille also. Damit vergleicht man einen kleinen, unscheinbaren Menschen. Dem traut man keine Durchsetzungskraft mit List und Tücke zu. Ausjekocht sind andere. Modern und einen Zacken schärfer gesagt: raffitückisch. Das ist eine junge Wortschöpfung aus raffiniert, raffgierig und tückisch. Dass das Heemeken ins Nieder-

deutsche gehüpft ist, erkennt man an der Endung -ken statt -chen. Ab und zu schlägt eben noch das märkische Platt durch. Wer zu träge ist, vorwärts zu drängen, is ‘n bissken mollekendoof.
Das Heemeken is ‘n abjebrochner Riese, das glatte Gegenteil vom bulligen Küchenschrank mit Kopp oder vom schmalen, langen Lulatsch. Ein bisschen ungeschickt scheinen sie beide zu sein. Doch der schlaksige Lulatsch wirkt harmloser. Man hört und sieht ihn förmlich mit den Latschen schlurfen, von denen sein Spitzname herrührt. Liebevoll gehts natürlich auch. Stolz bestaunten die Berliner 1926 den fertigen, 138 Meter hohen, stählernen Funkturm als technische Attraktion. Der Volksmund, immer auf Spitznamen versessen, taufte ihn Langer Lulatsch. So ist das mit der Sentimentalität, die hinter Selbstironie versteckt wird.

So‘n Quatsch, Mensch

Was der Berliner tut, macht er anständig, ordentlich, tüchtig. Unjelogen, dit is keen Quatsch. Vielleicht haben wir ja die preußischen Tugenden so verinnerlicht, dass wir sie ständig auf der Zunge tragen und sie selbst für unsere Übertreibungen herhalten müssen. Na schön, anderswo wird ooch jearbeetet, aber in Berlin wird orntlich wat wegjeschafft. Andere führen ein vertrauensvolles Gespräch, Berliner quatschen sich orntlich aus. Andere essen gut, bei uns wird anständich wat uffn Tisch jebracht. Mensch, war det neulich jemütlich. Bloß eener jing uns mit seinem Jequatsche uffn Jeist, nee, uffn Keks, uffn Senkel. Na ja, der hat sich ja ooch beim Quasselwasser tüchtich ranjehalten.

Mindestens ebenso oft und variationsreich wie an die Wörter ordentlich, anständig und tüchtig hält sich der Berliner an den Begriff Quatsch. Dieses Lieblingswort kommt vermutlich vom niederdeutschen *quat* für böse und für Unsinn.
Außerdem steht Quatsch wunderbar lautmalerisch für das Geräusch beim Laufen auf aufgeweichtem Boden. Auf Berlinisch nennt man den Modder bildhaft Eierpampe, und Schneematsch ist Platschpampe. Die Füße werden dabei quatschnass; die Schuhe quietschen vor Nässe. Ach, was heißt Schuhe? Hat einer große Füße, braucht er Äppelkähne für seine Quadratlatschen. Oder Kindersärje.
Der Quatschkopp aber quasselt Blödsinn. Quatsch mit Soße! Quatsch keene Opern! Nu mach bloß den Quatsch nich noch quätscher! Quatsch nich Krause, jeh nach Hause, wird gereimt. Kinnings, nu macht doch keen Quatsch, sucht man Streithähne kurz vor dem Zerwürfnis zu besänftigen. Gewiss doch, unter Quatsch versteht man auch Neckereien. Ach Quatsch, lass da nich veralbern, ick mach doch bloß Quatsch!
Das seit dem 19. Jahrhundert bezeugte Wort quasseln, das von Berlin aus in die Umgangssprache wanderte, stammt von derselben niederdeutschen Wortgruppe. *Quasen* stand für törichtes Plappern. Wenn man nicht genau weiß, was so ein Schwätzer meint, drückt er sich verquast aus. Womöglich hat er zu viel Quasselwasser (Alkohol) intus. Manche finden mit ihrem weitschweifigen Gerede kein Ende. Sie sind Quasselstrippen. Dieser Begriff wurde nach der Erfindung des Telefons für Leute geprägt, die ewig an der Strippe hängen. Wir kennen auch die spöttische Bezeichnung Quasselbude für Parlament und mittlerweile Quasselrunde für eine TV-Talkshow. Ist es langweiliges Gerede, geht es uns auf den Geist oder uffn Senkel. Warum Senkel?

Im Mittelhochdeutschen nannte man das herabhängende (herniedersinkende), oft kostbar verzierte Ende des Gürtels *senkel*. Später waren alle Gürtel und Schnüre Senkel. Nur noch der Schnürsenkel am Schuh ist davon übrig geblieben.
Mensch! Das ist keine respektlose Anrede, sondern eine Bekräftigung auf gut Berlinisch, vastehste. Darüber wurde sogar ein selbstironischer Vers geschmiedet – aus Anlass der Berliner Gewerbeausstellung von 1896, zu der alles in den neuen Treptower Park strömte; er lag damals noch vor der Stadt: „Mensch, willste Menschen sehn, Mensch, da musste nach Treptow jehn! Mensch, da kannste Menschen sehn, Menschen über Menschen! (Mensch, du bist ja selbst 'n Mensch!)."

Französische Kaskaden

Mach mir keine Fisimatenten!

Im Schmelztiegel Berlin sind die herrlichsten Wortschöpfungen gediehen. Besonders originelle gehören zur Kategorie des berlinisierten Französisch. Die fremden Vokabeln und Wendungen wurden ohne Umstände samt Hör- oder Übersetzungsfehlern vereinnahmt. Der Berliner kombiniert gewitzt, schließlich ist er hellhörig, neugierig und flink. Das geht einsfixdrei. Er mährt sich nicht aus, bloß nicht. Nu aber dalli, dalli und keine Fisimatenten! So wird schon das trödelnde Kind auf Trab gebracht. „Dreh dich, dreh dich“, bekamen wir als Kinder zu Hause auch zu hören. In der Eile gelingt vieles aus der Lameng, und zwar mit Cislaweng – Schisslaweng spricht man das. Mit anderen Worten: Der Berliner passt auf, er ist uffm Kievief, was dasselbe ist wie uffm Kien.
Nicht immer lugt das Französische so klar hervor wie beim Kievief. „Qui vive? – Wer da?“, riefen die Wachen in den Tagen der napoleonischen Besetzung der Stadt; sie passten auf. Amüsante Geschichten ranken sich um die damalige Wortgeburt Fisimatenten, dieses Synonym für fadenscheinige, faule Ausreden, Winkelzüge und Ärger machen. Klar, Napoleons Soldaten – der echte Berliner sagte noch 150 Jahre später Napoljum – wollten mit Mädchen anbandeln. Die versuchten sie angeblich sogar in ihr Zelt zu locken, das ihnen als Quartier diente: „Visitez ma tente!“ Die dreiste Einladung musste man nicht wortwörtlich verstehen, um sie zu begreifen. „Mach mir keene Fisimatenten!“, schärf-

ten alarmierte Mütter ihren Töchtern ein. Die Anekdote, die auch aus dem Rheinland bekannt ist, spricht für diese Entstehung der Redensart. Nach einer weniger originellen Deutung kamen Soldaten, die sich verspätet hatten, in ihrer Not den Wachen mit einer primitiven Entschuldigung: „J'ai visité ma tante. – Ich habe meine Tante besucht".

In der Lameng sitzt *la main*, die Hand. Deshalb isst man in der Eile schnell einen Happen aus der Lameng. Ohne lange zu überlegen, erledigt man routiniert oder mit Improvisationstalent eine Arbeit aus der Lameng, modern gesagt: mit links. Fix und schwungvoll geht man ran – mit Schisslaweng eben. Das klingt sehr berlinisch – wie ohne Angst, ohne Schiss. Auch für diese Wortgeburt kann man sich die französische Vaterschaft aussuchen. Die eine: Ainsi cela vint – So ging das vor sich. Die andere: C'est le vent – husch, der Wind. Wer sich dagegen ausmährt, ist, auf Deutsch gesagt, langsam wie eine klapprige Mähre, ein altes, lahmes Pferd. Der soll sich gefälligst beeilen, aber 'n bisschen dalli. Doch das ist polnisch, hergeleitet von *dalej* – los, mach schnell!

Rennen, flitzen, sausen, scheesen wir also los. Schneller gehts immer noch mit der alten Scheese. Unwahrscheinlich, dass der Berliner bei dieser Wortbildung an die Porte-Chaise dachte, wie man die Sänfte (Tragstuhl von *porter*, tragen und *la chaise*, der Stuhl) nannte. In Scheese und scheesen steckt vermutlich die Erinnerung an Philippe de Chièze. Dieser Piemonteser Baumeister des Großen Kurfürsten konstruierte die „Berline", einen komfortabel abgefederten Reisewagen, mit dem man schneller voran kam. Monsieur de Chièze baute übrigens 1683 für den Großen Kurfürsten das später mehrfach veränderte Jagdschloss Glienicke an der Berliner Grenze zu Potsdam. Er baute auch am Potsdamer Stadtschloss und am Oder-Spree-Kanal mit.

Die Teltower Rübchen sind alle

Waschechte Berliner müssen nicht mit Spreewasser getauft sein. Et jibt ooch anjelernte und jewordene Berlina, und vielen hat die Stadt bekanntlich viel zu verdanken. Mein Obst- und Gemüsehändler im Bahnhof Nikolassee stammt aus dem Libanon. Das hört man ihm an, aber auch das Berlinische. Er ist hier längst heimisch und stolz auf seinen deutschen Pass. Um seine Kundschaft ist er immer sehr herum. Doch eines Sonnabends musste Herr Zreik passen. Er zeigte sich untröstlich: „Leider, die Teltower Rübchen sin‘ heute schon alle“.

Von Geistesgrößen wie Immanuel Kant und Johann Wolfgang von Goethe ist überliefert, dass sie die zarten weißen Rübchen aus Teltow bei Berlin sehr geschätzt haben. Schade, dass man sie heutzutage schwer bekommt. Der Feinschmecker Goethe ließ sie sich nach Weimar schicken, von seinem Freund Carl Friedrich Zelter, dem Maurermeister und Leiter der berühmten Berliner Singakademie. Josef Zreik aber machte auf nette Berliner Art klar, dass er keine mehr hatte: sie waren alle. Die grobe Variante der Auskunft lautet: Ham wa nich! Ein Markthändler aus Brandenburg drückt sich märkisch aus: Teltower Rübchen sind nich! In Berlin aber ist alles alle, was nicht mehr vorrätig ist. Zum Beispiel zu Hause das Geld oder auch nur das Salz. Manch einer ist fix und alle vor Erschöpfung. Den Kopf einziehen muss man aber erst bei der grimmigen Verbaldrohung: „Den mach ick alle!“

Alle Abgeordneten erhalten Diäten, alles was recht ist. Alle Kinder freuen sich auf die Ferien. Nur Miesepeter finden alles Käse. Alle Menschen sind sterblich. Und wer es nicht wahrhaben will, der hat se nich alle; er hat nicht alle Sinne beisammen. Bei all dem wird klar, dass alle und alles für die Gesamtheit von Dingen, unserer Sinne, einer Gruppe

oder gar der ganzen Menschheit stehen. Nur: Warum ist alles alle? Laut Dudens „Herkunftswörterbuch“ geht diese Bedeutung wahrscheinlich auf das Wort Ellipse zurück, das aus dem Griechischen kommt. Elliptisch bedeutet auch unvollständig. Küppers „Wörterbuch der deutschen Umgangssprache“ verweist dagegen auf die Ableitung vom französischen *allé* (ausgegangen). Und diese Erklärung klingt besser, richtig anheimelnd, denn sie hat mit dem Einfluss der Hugenotten und der 100 Jahre später gekommenen Revolutionsemigranten auf die Entwicklung unserer Stadtsprache zu tun.
In seinem Bändchen „Französisch im Berliner Jargon“ erzählt Ewaldt Harndt dazu eine hübsche Anekdote. Danach boten Hugenottinnen auf der Jungfernbrücke ihre selbstgefertigten Klöppelspitzen und Stickereien feil. Wenn eine bestimmte Ware ausverkauft war, bedauerten die berlinisierten Mamsellen: „C‘est allé – es ist ausgegangen“. Die Berliner haben sich das Wörtchen rundgeschliffen: Is alle. Diverse Geschichten ranken sich übrigens um diese letzte Zugbrücke der Stadt; sie steht seit 1798 in Mitte. Einer Version zufolge geht der Name Jungfernbrücke auf die „feilen Dirnen“ zurück, die in der Nachbarschaft lebten. Eine andere besagt, dass sie nach den Töchtern der Hugenotten-Familie Blanchet benannt worden ist, die auf der Brücke ihre Seidenwaren verkauft und der Kundschaft den Stadtklatsch gratis dazu geliefert haben.

Neese pleng und Faxen dicke

Haben Sie mitunter die Nase voll? Oder haben Sie die Neese pleng? Ganz egal, das ist ein und dasselbe. Pleng steht ebenfalls für voll. Darin versteckt sich nur das französische Adverb *plein*, und *le nez* ist die Nase. Pleng die nasale Aussprache wollte im märkischen Platt nicht glücken, und so wurde derartigen französischen Vokabeln die märkisch-berlinische Endung -ng verpasst. Die Redewendung besagt, dass es einem reicht. Man hat genug von einem Zustand oder von einer Person. Die volle Nase ist nun dafür nicht gerade ein appetitliches Sprachbild. Wer die Faxen dicke oder den Kanal voll hat, drückt sich auch bloß grob aus. „Ick hab die Neese pleng!“, hört sich dagegen direkt gefällig an, und trotzem klingt das konsequent Endgültige durch. Pleng!

Auf seine Weise hat sich der Berliner französische Wörter angeeignet. Er sagt Bulljong (Bouillon, Brühe) Schangsn (Chancen), Orangschn (Orangen), Bongbongs (Bonbons). Ironisch windet er französische Girlanden ebenso um deutsches wie um französisches Vokabular. Großartig, schlichtweg bonfortionös. Wenn er dagegen etwas schauderös findet, meldet er seinen Protest mit energisch gedehntem Nachdruck an: Eenen Momang! Und doch schwingt in solchen Momenten so etwas wie die Bitte um Nachsicht für aggressiv selbstbewussten Widerspruchsgeist mit.

Wer vor Kummer die Neese pleng hat, gießt sich womöglich einen auf die Lampe (und damit hinter die Binde). Er säuft sich eenen an. Mit dem Zacken in der Krone sieht er zwar nicht klarer, aber diese Lampe hat ja auch weder mit Licht noch mit Erleuchtung zu tun, sondern mit nicht mehr erkennbarem Französisch. *Lamper* heißt trinken, und zwar in vollen Zügen. *La lampée* ist ein großer Schluck aus der Pulle (*bouteille*, Flasche). Im Hinblick auf einen Likörfabrikanten und einen Augenoptiker wird launig gereimt: „Sinds die Augen, jeh zu Mampe, jieß dir eenen uff die Lampe. Kannste allet doppelt sehn. Brauchste nich zu Ruhnke jehn“.

Am Berliner Idiom scheiden sich seit eh und je die Geister. Albert Lortzing hasste den „ekelhaften Dialekt“ seiner

Heimatstadt. Goethe erheiterte die sprachschöpferische Kraft. „Das Völkchen besitzt viel Selbstvertrauen, ist mit Witz und Ironie gesegnet und nicht sparsam mit diesen Gaben“, äußerte er 1820. Drei Jahre später hieß er seinen Sekretär Eckermann notieren: „Es lebt aber in Berlin, wie ich an allem merke, ein so verwegener Menschenschlag beisammen, dass man mit der Delikatesse nicht weit reicht, sondern dass man Haare auf den Zähnen haben und mitunter etwas grob sein muss, um sich über Wasser zu halten“. Und Goethe bat seinen Freund Zelter: „Schreib mir nur so derb als möglich, denn das kleidet euch Berliner doch immer am besten“.
Hans Meyer, Professor am ehrwürdigen Gymnasium zum Grauen Kloster zu Berlin, gab 1878 eine Sammlung über seine geliebte Stadtsprache heraus: „Der richtige Berliner in Wörtern und Redensarten“. Das Buch erlebte noch lange zahlreiche Auflagen. Dabei legte Meyer allerdings Wert auf den feinen Unterschied zwischen „Hochberlinisch“ und „Gossenjargon“.

Mit dem Chapeau-Hut im Jardin-Garten

Adolf Glaßbrenner, der Berliner Volksdichter des 19. Jahrhunderts, sprach ein großes Wort gelassen aus: „Tugend ist nur Mut zur Courage“. Damit brachte er ironisch auf den Punkt, was man den Berliner Pleonasmus nennen kann. Mut ist ja nichts anderes als Courage. Die Verdoppelungen bürgerten sich mit den vielen französischen Fremdwörtern ein. Anfangs sprachen die Berliner die Übersetzungen gleich mit. Etwa so: Der Deez-Kopp jing mit‘n Chapeau-Hut in den Jardin-Jarten.
Den Deez-Kopp (von *tête*), den naiven Blödmann, nennt man heute noch so. Und neu renoviert ist zwar zweimal in

Einem erneuert, doch das stört keinen Berliner. Ähnlich steht es um den konfusen Bulljong-Kopp, der ein Wirrkopf-Kopf oder Brausekopf-Kopf ist. Hier kommt Bulljong nicht von der Bouillon, sondern von *brouillon* (wirr, unsauber); das r ging verloren, es wurde weggeschluckt. Ob es der Berliner weiß oder nicht, er hat es kapiert. Mach nich so 'ne Brühe (kein Theater), sagt man zurechtweisend, doch niemals: Mach nich so 'ne Brühe, du Bulljongkopp! Sollte es noch Kinder geben, die Keesekasten spielen, interessiert die Dreikäsehochs kein Käse. Es ist ein Kasten-Kasten-Spiel, denn dieser Keese ist französisch und kommt von *caisse* (Kasten, Kiste).

Doppelt gemoppelt nennt man das. Die Vorliebe dafür ist geblieben. Sie macht sich auch in Lautmalereien bemerkbar wie plemplem (dumm), Tamtam (aufdringliche Reklame), du heiliger Bimbam (Kirchengeläut), Klimbim (unnützes drum und dran) oder Tingeltangel (niveauloses Tanzcafé). Auch die Vorliebe für den Doppelkorn, den doppelten Cognac und den doppelten Mokka passt prima dazu. Wenn schon, denn schon! Und zwar mit *avec*!

Was man verspricht, muss man halten. Abjemacht, Seefe. Bitte aber nicht an Seife denken. Plausibel ist die mitlaufende Übersetzung von: „C'est fait. – Es ist abgemacht". Allerdings ist es eine infame – noch berlinischer: infamichte – Jemeinheit, wenn einer klammheimlich das konträre Gejenteil dessen tut, was er versprochen hat. Infam wäre gemein genug, und *contraire* heißt gegensätzlich. Klammheimlich ist bekanntlich ebenfalls doppelt heimlich, nur mit Latein gemixt; *clam* heißt heimlich.

Die französischen Wörter müssen sich auch bei reptierlichen (reputierlichen) Leuten bedenklich angehört haben. Der Volksdichter Erdmann Graeser spottete über das schlechte Französisch: „Wenn man in der Bölletasche (Beletage, eigentlich *bel étage*) wohnt, jehört et zum Bongtong (guten Ton)“. Der Volksmund machte sich seinen eigenen Vers: „Voulez-vous Kartoffelsupp avec verbrannte Klöße? Non, Missjöh, ich danke vous, je n‘ai pas Appetit dazu“. Andererseits: Bei Hofe, wo lange Zeit fast nur Französisch gesprochen wurde, stand man mit dem Deutschen auf Kriegsfuß. Greifen wir ein berühmtes Wort Friedrichs des Großen im Original heraus: „Die Religionen Müsen alle Tolleriret werden, und Mus der Fiscal nuhr das Auge darauf haben, das keine der anderen abrug Thue, denn hier mus ein jeder nach seiner Fasson Selich werden“. Der König scharte viele Franzosen um sich. Sein berühmter Gast Voltaire scherzte boshaft doppeldeutig: „Majestät sind der einzige Fremde unter uns“.

Der looft übern jroßen Onkel

Im Berlinischen gibt es viele Begriffe aus dem Französischen, die man nicht wörtlich nehmen darf. Das hat, wie man sich immer wieder bewusst machen muss, nachvollziehbare Gründe. Man konnte die französischen Immigranten und Soldaten kaum verstehen. Erschwerend kam hinzu, dass sie ihre unterschiedlichen heimatlichen Dialekte sprachen. In einer Abhandlung von 1923 ist darüber Aufschlussreiches zu lesen: „Die Setzer und Korrektoren beherrschten, wenn überhaupt, doch nur den Jargon des modischen Deutsch-Französischen, und in ihren Drucken wimmelte es von orthographischen und grammatikalischen Fehlern“.
David Kalisch ließ in seiner Berliner Posse „Einmalhunderttausend Taler“ von anno 1849 einen Bankier räsonnieren: „Andere Leute flankieren hin und her, des Morgens sind se konservativ, des Mittags sind se liberal, und des Abends sind se ratzekal“. Mit diesem Satz machte sich

Kalisch über sprachliche Irrtümer lustig. Der brave Bankier verwechselte flankieren mit flanieren. Er meinte natürlich auch nicht ratzeka(h)l, sondern radikal. Politisch wollte er über manche Zeitgenossen sagen, dass sie in den Tagen der Achtundvierziger Revolution in ihrer Meinung schwankend waren und unberechenbar die Seiten wechselten.
In der Schreibweise ratzekal ist die Herkunft vom französischen *radical* immerhin mit etwas Kombinationsvermögen noch zu erkennen. Erst mit der Zeit schlich sich ein sinnentstellendes h ein, und die Bedeutung wandelte sich zur Steigerung von kahl: ratzekahl. Alles wurde ratzekahl aufgegessen, bis auf den letzten Krümel. Ratzekahl issa, der Glatzkopp, dem der Kopp durch de Haare jewachsen is. Was soll die Anspielung auf den Tod, wenn etwas totschick ist? Schick ist doch nichts Trauriges, sondern ein netter Anblick. Auch hier liegt ein sprachlicher Irrtum vor. Totschick kommt von französisch *tout chic,* sehr schick. Ebenso ist mausetot eine Steigerung, die man enträtseln muss. Sitzt in der seltsamen Maus das niederdeutsche Wort *murs* (gänzlich, plötzlich)? Nach Ewald Harndts „Französisch im Berliner Jargon" hat sich das französische *mort* (tot) selbst in die Maus verwandelt. Harndt schwört auf neuere Erkenntnisse, wonach durch akustische Angleichung aus *mort aussitot* oder *mort si tôt* (sofort, sehr schnell, sogleich tot) eben mausetot wurde.
Der reinste Spott ist es dagegen, wenn man von jemandem, der die Füße nicht gerade setzen kann, sagt: Der looft übern jroßen Onkel. Kein französischer Onkel hat Schuld daran, i bewahre. Gemeint ist der große Zeh. Bei *ongle* für Zehennagel verstanden die Berliner eben Onkel. Die Ratte kann ja auch nichts dafür, wenn einer beim Kegeln dauernd Ratten schiebt, also keinen Kegel trifft und am Ende als gekrönter Rattenkönig dasteht. Auch dieser Verlierer verdankt seine Spott-Ehrung einem Hörfehler, so dass das

richtige Lehnwort nicht mehr erkennbar ist. Das Verb *rater* heißt verfehlen, misslingen, versagen, und das Substantiv *le raté* steht für einen Versager, einen erfolglosen Künstler oder auch Blindgänger. Also von Ratten keine Spur auf der Kegelbahn, wäre ja noch schöner.

Mutterseelenallein

Sie saß im Bahnhofscafé und kam sich vor wie bestellt und nicht abgeholt. Man kann es ihr nachfühlen. Sie war verabredet, sie wurde versetzt. Da war sie nun weit weg von zu Hause in dieser fremden Stadt, hatte die Reise womöglich umsonst gemacht und wusste nicht, wohin. Mutterseelenallein fühlte sie sich. Janz melanklöterich rührte sie in ihrem Kaffee, aber der war der reenste Muckefuck. Dabei hätte sie gerade jetzt einen vertragen können, in dem der Löffel steht, einen starken also. So 'ne Lorke, dachte sie bei sich, die bekleckern sich hier ooch nich mit Ruhm.

Mutterseelenallein – in jeder Silbe steckt die ganze trostlose Einsamkeit einer verlassenen Seele, die sich jetzt gern bei Muttern ausweinen würde. Trübsinniger geht es nicht. Dabei ist es rein sprachlich zum Lachen, dieses wirklich komische Wort. Mutterseelenallein ist ein berlinisch amüsant verquatschter Begriff. Gleich drei französische Vokabeln sind darin enthalten: *moi tout seul* – ich ganz allein. Der Berliner von anno dunnemals machte sich seinen Vers auf Mutterseele und hängte, damit das einen Sinn ergab, nochmals allein dran. Wieder so ein Beispiel für doppelt gemoppelt, für die mitgelieferte Übersetzung, hier von *seul*. Der Ärmsten war also melancholisch zu Mute – nein, als Berlinerin natürlich melanklöterich, ein typisches Beispiel für Französisch mit Norddeutsch mang. Die Wehmut

– *mélancolique* – wurde mit *klöterig* (schwach) kombiniert und witzelnd zu melanklöterich verschliffen.
Ist es nur eine Anekdote, dass der Muckefuck eine Berliner Wortgeburt ist? Jedenfalls wurde wegen der hohen Kaffeezölle unter Friedrich dem Großen Ersatzkaffee aus den gerösteten und gemahlenen Wurzeln der Zichorie gezaubert. Die französischen Siedler in Berlin nannten diesen falschen, nachgemachten Kaffee *mocca faux* (auch café prussien, preußischen Kaffee). Daraus soll das Wort Muckefuck entstanden sein. Na, na. Damit wir uns auf unseren Sprachwitz aber nicht zu viel einbilden, sei eine andere Deutung hinzugefügt, die Joachim Wiese („Kleines Brandenburg-Berliner Wörterbuch") gibt; sie stimmt überdies mit der Erklärung in Küppers „Wörterbuch der deutschen Umgangssprache" überein. Danach soll der Begriff Muckefuck erst um 1870 aus dem Rheinischen gekommen sein – zusammengesetzt aus *Mucke* für Mulm in hohlen, verfaulten Baumstümpfen und *fuck* für faul. Klingt ungenießbar, doch sehr plausibel, auch eine Erklärung für Kaffee-Ersatz. Der Berliner sagt natürlich Kaffe – mit kurzem e; die Qualität spielt dabei keine Rolle.
Die Lorke wiederum kommt von lateinisch *lora*; gemeint ist ein fades Getränk. Ursprünglich nannte man so den Nachwein aus zweiter Pressung. Im Märkischen sagt man auch Lötsche. „Der Kaffe is die rene Lötsche, den kann man die Sau vän Oasch jietn, dät se nich verferkelt." Diesen Satz fand ich in einem 1956 in Ost-Berlin erschienenen Wörterbuch über das Teltower Platt („Telschet Wörterbuek"). Das Teltower Platt sprach man über Zehlendorf hinaus bis Schöneberg, Rixdorf (Neukölln) und Köpenick. So ist das eben. Einst redeten die Berliner märkisch. Jetzt berlinern die Brandenburger fast nur noch.

Kinkerlitzchen von Hacke bis Nacke

Der Berliner kann nicht anders, er meckert immer. Kommt er aber ausnahmsweise um ein dickes Lob nicht herum, ist das höchste der Gefühle: Da kannste nich meckern! Seine Gemütsart trägt er etwa so zur Schau: Wie gehts, wie stehts? – Ach, janz passabel, ick will ja nich meckern. Aba weeßte, ick bin mächtich inne Bredullje, ick renne die janze Zeit von Hacke bis Nacke, ick loof ma Brüschen wegen der Besorgungen, ick jeh schon uffn Zahnfleisch. Madamm jefällt nich allet. Na, is ejal, von wat ma schlecht wird, mits Bezahlen wird dit meiste Jeld vaplempert. Prompt kommt die Bestätigung: Na ebent! Kenn ick! Wem sachste dis! Nüscht wie Querelen. Ick bin ja nich pingelich, aba et solln doch allet keene Kinkerlitzchen sein, die bloß von Zwölwe bis Mittach halten. Mit so wat macht vielleicht der billje Jakob 'n Reibach, aba nich mit mir!

Es fällt gar nicht auf, dass wir es hier mit dem dollsten Sprachmischmasch zu tun haben. Na eben! Doch das kann der Berliner nicht aussprechen. Immer rutscht ihm das t am Ende heraus. Er braucht diesen Laut zur Bekräftigung. Na ebent, noch berlinischer: na ehmt! Is doch klar wie Kloßbrühe. Die ist zwar eindeutig trübe, aber die Groteske dient der Verdeutlichung. Man rennt sich also die Hacken ab für die Olle, für Madamm. Die Hacken sind die Fersen, und Nacke ist nur Lautmalerei; von Hacke bis Nacke reimt sich so schön und klingt dramatisch. Die Brüschen sind Beulen auf gut Berlinisch. Nur: Das Wort ist in keinem klugen Buch erläutert.

Da kommt man beim Suchen französisch in die *bredouille* (in die Klemme, wörtlich übersetzt: Misserfolg). So wie die Bredullje wurden alle möglichen Wörter prima berlinisiert. Die Querelen kommen von *la querelle*, also Streiterei, kleinliches, enervierendes Gezänk.

Die Berliner Madame (Madamm) brauchte kein e als Zierschleifchen. Sie ist nicht für Capricen (Launen) bekannt, sondern dafür, dass sie realistisch, umsichtig und resolut ist. Sie tut nicht fein, sie ziert sich nicht. Und für Kinkerlitzchen und Tinnef, also geschmacklosen Schnickschnack, haben wir sowieso nichts übrig. Doch während die Kinkerlitzchen von den französischen *quincailleries* (Flitterkram, wertlose Kleinigkeiten) entlehnt sind, wurzelt der Tinnef (minderwertige Ware) im jiddischen *tinneph* (Unrat, Kot). So etwas ist nicht der wahre Jakob, und wer es der Kundschaft zu teuer andreht, will nur seinen Reibach machen. Das jiddische *rewach* heißt Zins; im Rotwelsch bekam es die Bedeutung von Betrug. Wer jedoch aufgefordert wird: Mach keene Kinkerlitzchen!, soll nicht durch albernes Getue und lange Vorreden ablenken.
Und wer ist der billige Jakob? Ein Laden, der nicht der wahre Jakob ist. Dies erinnert an den heiligen Jakob, den Schutzpatron Spaniens, und führt zurück ins tiefste Mittelalter. Manche Pilger drückten sich vor der weiten beschwerlichen Reise zu seinem Grab in Santiago de Compostela. Sie begnügten sich mit dem Besuch der näher gelegenen Gräber von Heiligen gleichen Namens, womöglich schwenkten sie unterwegs ab. Doch diese Ziele führten alle nicht zum wahren Jakob, und diese Pilger waren auch nicht geachtet. Uns aber geht es janz passabel (leidlich), was natürlich von französisch *passer* (gehen, vorübergehen) kommt.

Jüdischer Witz

Masel und Schlamassel

Au Backe, is ja 'n schöner Schlamassel! Sie hatte es geahnt. Und nun hat der Zahnarzt auch allerhand an ihrem Mundwerk auszusetzen. Also der muss raus, der andere auch, da beißt die Maus keinen Faden ab, aber heute erst mal der eine. Na wundervoll, wenn es denn sein muss, will sie ooch weiter keen Jewese und Jetue machen, obwohl ihr schwant, dass die janze Zahnklempnerei noch heiter werden und lange dauern kann. Mit Kommentierungen wie heiter, reizend, schön und wundervoll meint der Berliner meistens das Gegenteil. Die Begabung zur Selbstironie, die er gelegentlich bis ins Groteske steigert, hilft ihm über manche unangenehme Situation hinweg. Et is zum Wegloofen, aber ick hab ja 'n sonnijet Jemüt. Nebbich, da musste durch. Man darf sich nicht unterkriegen lassen.

Wer im Schlamassel sitzt, hat nichts zu lachen. Das Wort, das so schön lautmalerisch nach Matsch und Modder klingt, stammt woanders her, vom jiddischen *schlimasel*. Wer *masel* hat, der hat Glück. Aber das sagt der Berliner nicht, er sagt: Schwein gehabt! Schlamassel ist das Gegenteil, ein mehr oder weniger schlimmes Unglück. Und tatsächlich, dem „Herkunftswörterbuch" des Duden zufolge hat sich im Schlamassel das deutsche Wort schlimm eingenistet. Nebbich ist ein seit etwa 1830 in unserer Umgangssprache üblicher jiddischer Ausdruck der Geringschätzung, aber laut Andreas Nachama („Jiddisch im Berliner Jargon") „nicht wirklich übersetzbar". Die sprachliche Her-

kunft ist ebenfalls nicht ganz klar. Möglicherweise ist Nebbich aus dem Slawischen ins Jiddische eingeflossen.
Au Backe! Der Ausruf ist ein treffendes Sinnbild für Zahnschmerzen; man kann sie sich sehr genau vorstellen, man leidet direkt mit. Doch mit diesem Ausruf drückt man in vielfältigen Situationen sein Staunen, seinen Schrecken aus. Mit der Wange hat das überhaupt nichts zu tun. Dahinter steckt nichts anderes als das gute alte Verb *backen*, das der Berliner häufig benutzt. Er bekundet damit, dass er Unabänderliches akzeptieren muss. Ick muss die Welt nehmen wie se is, 'ne andere kann ick mir nich backen. Verzeiht dem Berliner seine große Schnauze, eine andere kann er sich nicht backen.
So isses. Da beißt die Maus keinen Faden ab. Um die Herkunft dieser seit mindestens 400 Jahren gebräuchlichen Redewendung ranken sich mehrere Geschichten. Vermutlich hat sie mit der heiligen Gertrud zu tun; auf der Gertraudenbrücke in Berlin-Mitte steht sie in Bronze. Die Heilige wurde als Schutzpatronin der Reisenden, als Frühlingsbotin und Beschützerin vor Mäuse- und Rattenplagen verehrt. Am Gertrudentag, dem 17. März, hörte die Winterarbeit auf und damit auch das Spinnen. Man erzählte sich, eine Maus habe der Gertrud den Spinnfaden durchgebissen. Wer sich brav an den Rhythmus der Jahreszeiten hielt, dem biss die Maus also keinen Faden ab. Es gibt auch eine Fabel, in der die schlaue Maus einen im Netz verfangenen Löwen befreit, indem sie die Fäden zernagt. Und schließlich ist da die Geschichte von einem Schneider, der seinem Kunden beteuert, er werde vom gelieferten Tuch ganz gewiss nichts unterschlagen: Davon beißt die Maus keinen Faden ab!

Ausbaldowern und bekaspern

Zuletzt, als der Tod nahte und ihm nichts mehr auf die Beine half, versuchte es der alte Dubslav von Stechlin mit dem Katzenpfötchentee der Buschen, und das Enkelkind der Kräuter-Hexe sollte ihm Leben ins einsame Herrenhaus bringen. Doch als er merkte, dass die kleine Agnes Unterhaltung brauchte, zog er seinen alten vertrauten Diener zu Rate: „Engelke, das Kind fängt heute schon wieder von vorn an; es ist mit allen vier Bänden, so dick sie sind, schon zwei Mal durch; ich sehe, wir müssen uns was Neues ausbaldowern. Das ist nämlich ein Wort aus der Diebssprache; so weit sind wir nu schon".
Theodor Fontane ließ seinen märkischen Romanhelden natürlich „Hochberlinisch" reden, wobei ihn ausbaldowern so wenig störte wie uns heute. Er hätte auch bekaspern sagen können, oder – ohne die „Diebssprache" zu bemü-

hen“ – ausklambüsern. Ausbaldowern gehört zum Rotwelsch-Vokabular, und in diese Gaukler- und Gaunersprache war das Wort aus dem Jiddischen gewandert. Jiddisch ist bekanntlich die Alltagssprache der im Mittelalter aus deutschen Landen vertriebenen Juden, deren Nachfahren sie Jahrhunderte später aus Osteuropa wieder mitbrachten. Ausbaldowern steht für auskundschaften, aber auch für nicht ganz saubere Geschäfte. Unter Ganoven wird ausbaldowert, wie man ein Ding dreht. Das Wort setzt sich zusammen aus *bal* (Mann, Herr) und *dowor* (eine Sache, ein Wert). Der Baldower ist im Rotwelsch der Auskundschafter oder Anführer einer Diebesbande, wörtlich: Herr der Sache. Wer etwas ausklambüsert, will ebenfalls etwas herausbekommen, doch nicht nach Art dieses trüben Gelichters. Das Ausklambüsern ist dem norddeutschen *klamüser* abgeguckt, unter dem man einen geduldigen Tüftler, einen in sich gekehrten Grübler oder auch spitzfindigen Menschen versteht. Der lustige Kasper im Puppenspiel, der auf frühen Theaterbühnen als Possenreißer die Lachmuskeln zu reizen hatte, ist wiederum mit dem Bekaspern nicht gemeint. Bekaspern wurzelt im jiddischen *kaswen* für lügen. Leute, die etwas zu bekaspern haben, tun es heimlich. Womöglich hecken sie eine Intrige oder ein krummes Ding aus. Aber zu Hause, unter Freunden und Kollegen, bekaspern wir natürlich ganz seriös wichtige Angelegenheiten, die zu besprechen sind.

Zurück zu Fontanes Stechlin. Er holte die kleine Agnes nicht ohne Hintersinn in sein Herrenhaus. Er tat es schon aus Daffke, um seine Schwester Adelheid, die altpreußische Domina vom Kloster Wutz, zu vergraulen; durch deren Regiment wollte er sich das Leben auf seine alten Tage nicht vermiesen lassen. Das darf man Chuzpe nennen, was eine Unverschämtheit ist, aber eine mit Köpfchen, der man heimlich Anerkennung zollt. So geht man selbst mit der Mischpoke um. Die Mischpoke (hebräisch *mischpacha*, jiddisch *mischpocho*) ist die Familie, steht aber auch für Verwandte, die man nicht gern sieht, und für nicht ganz saubere Freunde. Is ja 'ne feine Mischpoke! Der trotzt man mutwillig, aus Daffke eben. Und Daffke ist dem jiddischen *dawko* abgeguckt – nun erst recht.

Bammel und Manschetten

Vor der Prüfung hatte unser Riekchen mächtige Manschetten. Es ging ihr belämmert. Sie hatte einen Bammel, ihr war direkt mau, aber wenigstens nicht zum Umfallen plümerant. Als die Uni-Prüfung dann überstanden war, und zwar nicht bloß mau, sondern glänzend bestanden, verfiel Friederike vor Freude in die Modeworte der Jugendsprache: „Ej super, voll krass". Ausdrucksweisen der Jugendsprache mögen kurzlebig und abwechslungsreich sein, aber Altberliner Begriffe halten sich ebenfalls hartnäckig, wenn auch natürlich nicht alle.
„Ich hatte Mohren und Manschetten", bekannte der junge Felix Mendelssohn Bartholdy nach einem glücklich überstandenen Konzert. Der berühmte Enkel des berühmten jüdischen Philosophen und Aufklärers Moses Mendelssohn hatte übrigens sein Elternhaus in der Leipziger Straße. Dort, wo 1904 das Preußische Herrenhaus sein neues Domizil bezog, in dem jetzt der Bundesrat seinen Sitz hat. Doch was haben Mohren und Manschetten mit Lampenfieber zu tun? Die Mohren sind wieder so ein verquatschtes Fantasiewort. Man hat Fremdes falsch gehört und gekonnt ein Sinnbild daraus gemacht. Aus dem jiddischen Wort *meure* für Angst wurden Mohren, und die sind zum heute noch geläufigen Verb mauern mutiert. Einem zurückhaltend ängstlichen Skatspieler wird vorgehalten: „Jetzt mau-

erste wieder“. Wenn ein Politiker nicht mit der Sprache herausrückt, wissen Journalisten: Der mauert! Sein Pressesprecher hält dann gegen: „Wir mauern doch nicht, die Sache ist diffizil und noch nicht spruchreif“.

Mit den Manschetten verhält es sich einfacher. Diese seit dem 18. Jahrhundert bekannte Redewendung rührt von den überlangen weißen Spitzenmanschetten im Rokoko her. Die feinen Herren waren ängstlich darauf bedacht, dass die Spitzen nicht schmutzig wurden, und sie mussten auch aufpassen, dass die Spitzen nicht hinderlich waren, wenn man den Degen zog. Dagegen gilt die Herkunft des Wortes mau für schwach, elend, ängstlich als unklar. Laut Küppers „Wörterbuch der deutschen Umgangssprache“ kommt es möglicherweise aus dem Wendischen. Auch beim Bammel sind sich die Sprachwissenschaftler nicht sicher, vermuten jedoch die Ableitung vom mittelniederdeutschen *bambeln* für baumeln – im übertragenen Sinne nervös – flatterich, wie der Berliner auch sagt.

Wenn es einem vor lauter Bammel belämmert geht, fühlt man sich ebenfalls elend und wird ziemlich kleinlaut Das hat wiederum nichts mit einem armen Lämmchen vor der Schlachtbank zu tun. Andreas Nachama („Jiddisch im Berliner Jargon“) leitet belämmert von *be'li emor* ab – ohne Sprache. Das klingt plausibel. Es soll ja vorkommen, das Leuten vor Angst und Aufregung die Stimme wegbleibt. Plümerant bedeutet sterbenselend, aber das ist eine echte Berliner Wortschöpfung aus dem Französischen. Dafür steht die Königliche Porzellan Manufaktur KPM gerade. Ihre Porzellanmaler kreierten für ein königliches Service für Friedrich den Großen ein bestimmtes Blassblau, das sie *bleu mourant* nannten, das sterbende Blau. Daraus machte der Volksmund plümerant (auch blümerant). Und die Berliner witzelten über das bewusste Blassblau: in Milch jekochte Vergissmeinnicht.

Keen Schmus, nu reden wa Tacheles!

Mit unserem Jakob hat es die Natur gut gemeint. Der Charme ist ihm angeboren, alles fliegt ihm zu. Als Jakob noch ein kleiner blonder Lockenkopf war, entzückte er seine Umgebung, der reinste Engel. „Ja, ja, ‘n Engel mitn B vor“, wehrte seine Mutter öfter ab. Natürlich ist sie stolz auf ihre Bengels. Da sie aber als waschechte Berlinerin mit einer gehörigen Portion Skepsis gesegnet ist, lässt sie sich trotzdem nichts vormachen. Wer uns mit Schmus belatschern will, der will uns um den Finger wickeln, überrumpeln, uns womöglich etwas abluchsen oder übervorteilen. Doch so meschugge sind wir nicht, dass wir das nicht merken. Wer uns so kommt, dem sagen wir am besten gleich auf den Kopf zu, was wir davon halten.
Mach keen Schmus, jetzt reden wa Tacheles! So geht es schon den kleinen Engeln mit einem B davor, wenn sie etwas ausgefressen haben. Sie wollen sich dann um die Wahrheit herummogeln. Sie flunkern ein bisschen, um den Vorfall irgendwie zu vermauscheln. Wenn Eltern solchen Mumpitz hören, finden sie das nicht koscher und bringen ihren Kindern die Flötentöne bei.
Gleich mehrere Wörter aus dem Jiddischen stecken in so einer quälenden pädagogischen Unterredung. Wer Schmus erzählt, tut nur schön mit leerem Gerede. Das stammt vom jiddischen *schmuo* (Plural *schmuoss*) für Geschwätz und Gerücht. Sprachlich abgeleitet ist davon auch das zärtliche Schmusen – wer hätte es gedacht. Tacheles ist das krasse Gegenteil von Schmus. Es kommt vom jiddischen *tachliss*, wörtlich Zweck oder Ziel. Man sagt also seinem Gegenüber klipp und klar, was Sache ist, dass man sein Verhalten durchschaut und es nicht akzeptieren kann. Es ist nicht koscher, nicht sauber. Koscher gehört zur Alltagssprache; der Ursprung des Begriffs ist die koschere Küche. Gläubige

Juden bereiten ihre Speisen *koscher* (rein) nach den Gesetzen von Tora und Talmud zu. Da wird nicht gemauschelt und gemogelt, man würde sich ja selbst betrügen, und so meschugge (verrückt, von jiddisch: *meschuggo*) kann keiner sein. Wer mauschelt, verhält sich unlauter, was vor allem unter Erwachsenen beim Kartenspiel und im Geschäftsleben vorkommen soll. *Moschal* ist auf Hebräisch nichts weiter als das Beispiel; eine Mauschelei ist also ein schlechtes Beispiel. Man kann auch einen peinlichen Vorgang vermauscheln, aber solche Mogelei wollen wir unseren Kindern gar nicht erst anerziehen. Ja, auch mogeln kommt aus dem Jiddischen, von *maucheln* nämlich. Das bedeutet heimlich, hinterlistig, betrügerisch handeln.
Klar, dass man mit einer Mogelpackung übervorteilt wird. Und wer etwas anderes behauptet, erzählt Mumpitz, er redet naiv oder wider besseres Wissen törichtes, falsches Zeug. Das ist nun wieder Deutsch – sofern man sich an das Wort (ver)mummen für Verkleidung und Maskierung hält. Mummenschanz ist närrisches Fastnachtstreiben. Bis in das 17. Jahrundert reicht der Begriff Mumpelputz für eine Vogelscheuche zurück. Das Wort Mumpitz kann aber auch vom hebräischen *mum* (Fehler) abstammen, denn Mumpitz tauchte zuerst um 1870 in der Börsensprache auf. Und Juden zählten ja zum Geldadel.

Wo Barthel den Most holt

Schöne Bescherung. Mitten in der großen Kältewelle fiel die Heizung aus. Der Monteur kam zum Glück gleich in aller Herrgottsfrühe. Aber seine Rechnung war dann kein Pappenstiel. Allmächtjer! Der weeß ooch, wo Barthel den Most holt, war der erste Gedanke. Reichlich ausjekocht und abjebrüht, der Mann, richtich ausjefuchst. Immer nach dem Motto: Bescheidenheit ist eine Zier, doch weiter kommt man ohne ihr. Bevor sich nun alle Handwerker auf den Schlips getreten fühlen, sollten sie bedenken, dass in solchem Berliner Gemecker durchaus sportliche Anerkennung stecken kann. Unser Monteur hat im Übrigen wirklich keinen Stuss aufgeschrieben.

In dem Wort ausgefuchst ist leicht der listenreiche Fuchs erkennbar. Doch was hat es mit der Berliner Lieblingsvokabel ausgekocht auf sich, für die abgebrüht nur ein Pendant ist? Von Kochkunst kann doch wohl nicht die Rede sein. Die Sprachforscher tippen auf die Herkunft aus dem Jiddischen. Dort steht *kochem* für gescheit und auch weise. Das ist ganz gewiss kein Stuss. Der Berliner sagt natürlich Schtuss, und so könnte man das Wort auch getrost schreiben, aber der Duden tut es nicht. Das jiddische Wort *schtus* heißt schlicht Unsinn.

Wenn einer weiß, wo Barthel den Most holt, versteht er trickreich seine Vorteile zu nutzen. Dabei darf man nun nicht an Christi Jünger Bartholomäus und nicht an Saft denken. Bei dieser Redewendung nehmen die Sprachforscher an, dass die Wurzel hebräisch ist und sich über das Jiddische ins Rotwelsch ausgebreitet hat. Nicht nur Andreas Nachama erklärt es so. *Barsel* ist das hebräische Wort für Eisen und Brecheisen. Most bedeutet hier Geld (hebräisch *moess*). Doch nur Schränker besorgen sich das Geld mit dem Brecheisen, also bei einem Einbruch.

Ohne Moos nichts los, heißt es im Schlager. Damit ist bekanntlich auch nicht der vermooste Gartenrasen auf einem Waldgrundstück gemeint, sondern das liebe Geld. Ob Moos oder Most – beides ist von demselben hebräischen Wort *moess* abgeleitet. Ob nun eine happige Rechnung nicht von Pappe oder kein Pappenstiel ist, läuft zwar auf dasselbe hinaus, doch sprachlich besteht ein himmelweiter Unterschied. Was nicht von Pappe ist, ist teuer. Pappe ist zwar stärker als Papier, aber das feine Papier war kostbarer. Für den Pappenstiel gibt es zwei Erklärungen. Die eine meint den Pappenblumenstiel, den Stengel der unscheinbaren Pappenblume (niederdeutsch Papenblome), genannt Löwenzahn. Nach der zweiten Version ist eigentlich ein Pappelstiel gemeint, was daher rührt, dass das Holz der Pappel zu weich für Werkzeugstiele ist. Was man für einen Pappenstiel bekommt, ist also billig. Kein Pappenstiel bedeutet folglich teuer.

Man sieht, in jeder Verballhornung ist ein Sinn verborgen. Selbst in dem Wort Verballhornung. Es klingt nur nach Lautmalerei, geht aber zurück auf den Lübecker Buchdrucker Johann Ballhorn (1528 bis 1603). Der Mann hat sich unsterblich gemacht, weil er die ihm anvertrauten Manuskripte eigenmächtig korrigiert hat. Verschlimmbessert, so würde man heute dazu sagen.

Bloß ‘n Jroßkotz aus Kleen-Pankow

Wir wissen es, ein Großkotz ist ein fürchterlicher Kotzbrocken. Unsympathisch ist er, kaum zu ertragen. Ick weeß nich, mang uns mang is eener mang, der nich mang uns mang jehört. Tut ma Leid, dein wunderhübscher Macker muss ‘ne Macke ham, der Kotzbrocken. Zum Abjewöhn! Der stinkt zwar aus alle Knopplöcher nach Jeld, aber ick gloobe, der macht dir bloß wat vor. Vielleicht issa jar nich so ‘n reicher Knopp, sondern bloß ‘n Jroßkotz aus Kleen-Pankow, der Piesepampel, der.

Verblüffend ist, dass der Großkotz, der ‘n Bekotzten macht, und der Kotzbrocken sprachlich überhaupt nicht verwandt sind. Der jiddische *kozen* ist schlicht ein reicher Mann. Der hatte natürlich viele Neider, als Jude erst recht. Und so wurde aus dem *kozen* im Berlinischen der Großkotz. So nennt man schon seit etwa 1820 einen überheblichen, prahlenden Mann ohne feine Herkunft. Er kam ja bloß aus einem kleinen Nest wie zum Beispiel Pankow vor der Stadt; erst seit 1920 ist Pankow eingemeindet wie viele andere Stadtteile auch.

Die Assoziation zum Kotzbrocken liegt nahe. So einer ist tatsächlich zum Erbrechen, solchen Widerwillen erzeugt sein Benehmen. Im 15. Jahrhundert bildete sich aus dem spätmittelhochdeutschen Verb *koppen* für speien die Intensivform *koppezen*, und daraus wurde das Vulgärverb kotzen. Erinnert sei an den Ausspruch des großen jüdischen Berliner Malers Max Liebermann, als er am 30. Januar 1933 den Fackelzug der Nazis zur „Machtergreifung" durch das Brandenburger Tor beobachtete: „Man kann jar nich so ville fressen, wie man kotzen möchte". Liebermann wohnte neben dem Brandenburger Tor. Das kriegszerstörte Liebermann-Haus wurde in den neunziger Jahren wieder aufgebaut, wenngleich nicht ganz originalgetreu mit allem Drum und Dran.

Auch den Macker und die Macke trennen sprachlich Welten. *Makko* ist auf Jiddisch ein Hieb. Schläge auf den Kopf können einen geistigen Dachschaden verursachen, und diese Bedeutung hat die Macke seit etwa 1700. Inzwischen steht das Wort auch für technische Defekte. Der Motor hat 'ne Macke. Der Macker dagegen, der Freund eines Mädchens, ist wahrscheinlich aus den Niederlanden eingewandert, wo ein *Makker* ein guter Geselle ist, ein Kamerad, ein Kumpel. Jedenfalls sickerte das Wort im späten 18. Jahrhundert aus der Seemannssprache in die Umgangssprache ein und wurde um 1900 bei uns populär.

Wo der Piesepampel, dieser charakterschwache Gernegroß, herkommt, wissen die Etymologen nicht genau. Sie vermuten eine anzügliche Wortschöpfung aus Piesel, wie man norddeutsch das Zeugungsorgan von Stier und Eber nennt, und Pampel von *bammeln* (schlaff herabhängen). Man kennt ja auch den Schlappschwanz. Piekfein sind solche Vokabeln nicht, aber sie sind mang uns mang, man denkt sich nichts dabei. Mang ist natürlich norddeutsch und kommt von *mengen*. Piekfein ist sehr fein, entstanden aus dem niederdeutschen *pük* (niederländisch *puik*) für erlesen. Das war im Hanse-Handel ein Gütezeichen. Angeber aller Schattierungen sind jedoch nicht piekfein, sie tun bloß so. Wie langlebig doch vor Urzeiten geprägte Wortspiele sein können.

Tierisch frech

Uffjedonnerte Spinatwachtel

Zu jedem Topp findt sich ‘n Deckel, sagt der Berliner. Kann sich ja nicht jeder ‘n traumhaft süßet Sahneschnittchen für de Bettkante aufgabeln, was Neuberlinisch der sprachlich letzte Schrei ist. So war es immer mit den Partnerschaften. Manche Wuchtbrumme donnert sich uff wie ‘n Zirkuspferd, manche sieht man bloß spillrich aus, und manch eene is lang und dünn wie ‘ne Bohnenstange. Aber alle haben sie ihren Embiedel. Zur Not bandelt er sogar mit ‘ner uffjedonnerten Spinatwachtel an. Nur wo der Embiedel – im märkischen Platt der Embüdel – herkommt, ist ein Geheimnis, das noch nicht enträtselt ist. Jedenfalls versteht man darunter einen Freund, wenn auch nicht unbedingt den Mann fürs Leben.
In den einschlägigen Berlin-Wörterbüchern ist der Embiedel zwar registriert, aber die Etymologen haben einen Bogen um ihn gemacht. Im Märkischen ist er ein unbeholfener schlaksiger junger Mann. In der Prignitz hört sich das so an: Wat löpt denn dor förn Embüdel? In Berlin sagt man Embiedel und meint eine Liebschaft, ein „Verhältnis“, neumodisch einen Lover, altmodisch eine Herrenbekanntschaft, einen Verehrer, einen Hausfreund, mit dem man auch ausgeht. Mit etwas Fantasie ins Dunkel geleuchtet, wird an den Buchstaben M für eine Mark und an den Geldbeutel oder die Bude gedacht, also ein kleines Zimmer, etwa eine Studentenbude. Im Teltower Platt sagte man Buede zu Bretterbude und Büdl für Beutel. Im Ruppiner

Platt ist der Ellbogen der Ellbüdel. Beim Embiedel wird sie sich doch wohl unterhaken dürfen. Es sei, wie es sei. Warum soll se sich nich mit ihm ammesürn?

Wenn se sich dafür uffdonnert, is se 'ne Biene, die es nicht so genau nimmt. Da sie nichts hat, kleidet sie sich, Donnerlittchen, auffallend, aber ziemlich billig und geschmacklos. Aufgedonnert: Der Duden lässt es bei der Herkunft vom Donner bewenden. Nach anderen Deutungen kann aufgedonnert auch vom Donnerstag kommen, an dem es einst in manchen Gegenden ganz oder teilweise schulfrei gab. Dann machte man sich fein und ging aus. Auch die Donna könnte drinstecken, die Dame. Behängt sie sich mit Klunkern, dann ist das auffallender Schmuck, was nichts mit dem Wert zu tun hat. Klunkern sind norddeutsch Klümpchen.

Eine, die spillrich is, ist nicht nur ein zierliches junges Ding, sondern wirkt in ihrer Bescheidenheit auch dürftig. Eigentlich ist sie spindeldürr, denn spillerig kommt vom niederdeutschen *spill* für die Spindel. Und die Spindel ist ein längliches Holz, oben und unten zugespitzt. Die wenigsten Chancen aber hat die uffjedonnerte Spinatwachtel. Die ist nämlich nicht bloß hager, sondern obendrein schon etwas ältlich. Der Vergleich mit dem Feldhuhn, der Wachtel, ist wenig schmeichelhaft. Außerdem spinnt die Spinatwachtel auch noch, sie denkt sich etwas aus, um sich interessant zu machen. Sie war nämlich ursprünglich eine „spinnete Wachtel". Das ist nun eine bayerische Wortschöpfung, die nach Berlin gewandert ist; das Bild gefällt uns. In den Spinnstuben erzählte man sich viele Geschichten und ließ dabei reichlich die Fantasie sprießen. Deshalb ist spinnert ein bisschen verrückt. Solche Leute ham 'n Ding zu loofen. Bestenfalls sind sie überkandidelt; heute sagt man ja crazy.

Dof bleibt doof

Egal, ob mit einem oder mit zwei o – dof bleibt doof, da helfen keene Pillen. Zu dumm, dass es für den Berliner Jargon keine zuverlässigen Rechtschreibregeln gibt. Immerhin steht das Wort im etymologischen Duden mit doppeltem o. Das ist auch sehr plausibel, bleiben wir also bei dieser Schreibweise. Doof kommt nämlich vom niederdeutschen Wort *doow*, hochdeutsch dumm. Beides bedeutete ursprünglich taub. So, wie hilflose Behinderte, um deren Entwicklung sich früher keen Aas jekümmert hat, ihrem trostlosen Schicksal überlassen wurden und folglich verkümmert sind, so hat sich auch die Bedeutung der Wörter dumm und doow entwickelt: gehörlos, in sich gekehrt, einfältig, empfindungslos, stumpfsinnig, geistig beschränkt. Ganz so schlimm ist es in unserer Stadtsprache nicht gemeint. Dof oder doof gehört zu den drastischen Lieblingsvokabeln der Berliner. Alles, was ihnen nicht passt oder unangenehm ist, finden sie doof. Das gilt mittlerweile nicht nur für Personen, sondern auch für Sachen, Gefühle und Situationen. Ziemlich doof, wenn einem der Bus vor der Nase wegfährt; dann steht man da wie doof. Das Doofe an den schicken neuen Schuhen ist bloß, dass sie drücken. Man schimpft und spottet variationsreich. Doofkopp, doofe Nuss, doofe Sau, doofer Gockel, doofet Huhn. Doof jeborn und nüscht dazujelernt. Lieber doof als pucklich (buckelig), dit sieht man nich so. Freche Schulgören reden in Abkürzungen: D. b. d., d. h. k. p. Doof bleibt doof, da helfen keene Pillen.

Schon das liebe Kind, das kleine Dummerchen, hört man bald olle doofe Zicke rufen. Der Klassenschwächste ist auch heute noch der Doofi oder Doowi. Strohdoof ist er. Das sagt man so, weil Stroh nun mal taub ist; die Körner sind herausgedroschen. Aber wieso ist einer doof wie Bohnenstroh? Dieser Vergleich geht auf die ältere Redewendung grob wie Bohnenstroh zurück. Arme Leute, die ja auch keine Bildung hatten, konnten es sich nicht einmal leisten, auf Stroh zu schlafen; sie mussten mit dem gröberen Kraut der Futterbohnen vorlieb nehmen.

Andererseits: So doof bin ick nich!, sagt der helle Berliner, wenn ihm einer dumm kommt, also ihn mit vorgetäuschter Begriffsstutzigkeit überlisten will. Ein arroganter Blender macht ‘n Doofen. In seinem Gedicht „An die Berlinerin“ sang Kurt Tucholsky ein Loblied auf deren Realitätssinn: „Mädchen, kein Casanova hätte dir je imponiert. Glaubst du vielleicht, was ein dofer Schwärmer von dir phantasiert?“

Wer nämlich mit h schreibt, ist dämlich, reimten wir in der Schule. Auch dämlich ist von doof und dumm abgeleitet. Anders verhält es sich mit dem ollen Dussel, dem Dusseltier und der dusselichen Kuh, wie Ekel Alfred, die Fernsehfigur, seine Ehefrau zu betiteln beliebte. Darin sitzt das niederdeutsche Wort Dusel für Schläfrigkeit; man ist weggetreten. Den Dämlack mit der slawischen Endung -ack müssen die Zuwanderer von jenseits der Oder mitgebracht haben. Für harmlose Dämlichkeiten kriegt das Kind ‘n Dusel, einen Klaps leicht hinter die Ohren, was man auch ‘n Katzenkopp nennt. Wer dagegen ‘n Dusel hat, zum Beispiel im Lottospiel, der hat unverhofft Fortune – mehr Glück als Verstand.

Direkt ‘ne kleene Aaskröte

Wer gern in Herkunftswörterbüchern liest, weiß, dass die Sprachen das Vulgäre nie gescheut haben. „Jede Sprache braucht die Begegnung mit dem Primitiven und mit der nackten Rohheit, nur so bleibt sie frisch“, meinte der Schriftsteller Walter Kiaulehn in einem amüsanten Aufsatz über das Berlinische. Und Goethe fand: „Die Berliner Sprachverderber sind eben doch auch zugleich diejenigen, in denen noch eine nationale Sprachentwicklung bemerkbar ist“.

Widmen wir uns also frisch dem Aas. Diese Vokabel liebt der Berliner sehr und garniert sie mit ungeheuer erfindungsreichen Ableitungen. Er bildet sogar den komischen Plural „Eser“. Das Aas passt immer – als Schimpfwort, als Anerkennung und sogar als zärtliches Kosewort. Dass es sich beim Aas um einen verwesenden Tierkörper handelt, macht nichts, das wird glatt ignoriert. Die einsilbige Vokabel hat es überhaupt in sich, denn darin sind gleich zwei

Wörter aus dem Alt- und Mittelhochdeutschen verschmolzen, beide lang gesprochen: *az* für Essen, Speise, und *as* für totes Fleisch, *as* zum Verfüttern an Hunde und Falken. Schon bei Hans Sachs war das alte Aas ein Nichtswürdiger. Aas kann man ja wahrlich nicht riechen; es stinkt bestialisch.

Bei uns in Berlin ist Opas drolliges Enkelchen ein richtjet kleenet süßet Aas. Nur wenn es nervt, wird es, kiek mal eener an, direkt zur kleenen Aaskröte. Die wächst sich natürlich zu einem Rabenaas aus, und mehrere davon sind eine Aasbande. Für diese wiederum ist die Kindergärtnerin ein Aas, der Lehrer natürlich erst recht – sofern se sich nich uffm Kopp rumtanzen lassen.

Der Berliner bekräftigt bekanntlich alles durch Übertreibung. Folglich stinkt det reiche Aas aus alle Knopplöcher nach Jeld, während der Mutige, der gute Kumpel und selbst der Ausjekochte 'n Aaskerl is. Was kennen wir doch alles für „Eser": das Rabenaas, das niederträchtige Aas, das hundsjemeine, das dämliche Aas, das schlaue, das kluge, das gelehrte Aas, das kesse, das saufreche, das raffinierte Aas. Vorwurf und Anerkennung mischen sich in dem oft zu hörenden Ausruf: Dir Aas kenn ick! Wer alle Tricks beherrscht, ist ein Aas auf der Bassgeige, kurz und bündig gesagt, 'ne Aasjeije. Werner Bergengruen ließ seine „Rittmeisterin" sagen: „Im Grunde sind sie böse, hoffärtig, selbstgerecht, was man in Berlin nennt: ein Aas auf der Bassgeige". Auch bei Mitleid und Selbstmitleid hilft das Aas als Metapher. Det arme Aas! Keen Aas kümmert sich! Wir sind verabredet, aber keen Aas da. Auch das ist in die Literatur eingegangen: „Kein Aas zu sehen", heißt es in Erich Maria Remarques Roman „Im Westen nichts Neues".

Das *aasen* aber ist nun wieder reine Verschwendung. Du liebe Güte, wie unappetitlich, wenn man an den Vergleich mit Aas fressenden Tieren denkt. Also denken wir lieber an die Bedeutung von Speise. Der Haustyrann knipst überall das Licht aus, wo es nicht unbedingt nötig ist: Aase nicht mit dem Strom, wozu die Festillumination!, meckert er. Aase nich so mit der guten Butter!, mahnte die sparsame Hausfrau früherer Tage. Andererseits: Bei unse Majon (Marion) is der Grünkohl ‘n Jedicht. Na ja, die aast ja ooch mits Schmalz.

Gib dem Affen Zucker

Mit einem Affenzahn raste der Verkehrsrowdy die schmale, kurvenreiche Tempo-30-Straße entlang. Es war ‘ne Affenschande, man sah das Unglück kommen. Vor Schreck hielten einige Anwohner und Passanten Maulaffen feil. Und schon wird es krachen; der verrückte Autofahrer rammte gleich mehrere parkende Wagen. Ick denk, mich laust der Affe. Sauerei so was, der is doch woll vom Affen jebissen, der Himmelhund.
Im verbalen Waffenarsenal der Berliner finden sich reichlich tierische Vergleiche. Nicht nur der Affe hat die Phantasie beflügelt. Wörter wie kesse Motte, Rabenaas, Paradiesvogel, armes Schwein, freche Sau, hat ‘n Vogel, bei dem piepts, Affenhitze und Hundekälte sind nur Beispiele dafür.
Hau ab, mach ‘ne Flieje!, wird einer unmissverständlich aufgefordert, den man loswerden will. Wer kopflos reagiert, der hühnert rum und macht dabei bloß Bockmist. Manch einer frisst wie ‘ne siebenköpfige Raupe. Früher war se ‘n flotter Käfer, aber als Mutta is se ‘ne Glucke (der Berliner sagt Klucke), die ihre Kinder mit einer Affenliebe bewundert, dass es nicht mehr feierlich ist. Eine Steigerung der ollen Zicke ist die olle Klafte, was, ach pfui, vom Kläffen der Hunde kommt.

Vieles ist hier geprägt worden, anderes hat die Berliner Großschnauze aufgeschnappt und gerne vereinnahmt. Doch generell rührt der Hang zu tierischen Metaphern von dem alten Volksglauben her, dass ein Dämon in Tiergestalt in den Menschen gefahren ist, der sich wunderlich benimmt.

Manche Redewendungen stammen allerdings gar nicht aus der Tierwelt; die Fantasie hat sie nur dorthin verfrachtet. Die Affenschande ist zum Beispiel in Wahrheit eine offene Schande. Sie war im Niederdeutschen eine *apenbare* (offenbare) Schande. Wer Maulaffen feil hält, staunt mit offenem Mund, was ziemlich einfältig aussieht. Die Silbe affen kommt in diesem Fall wieder von *apen*. Auch der Affenkleister und der Klammeraffe im Büro haben beide mit dem Affen nichts zu tun, sondern mit dem jiddischen Wort *afo* für backen – im Sinne von zusammenbacken, unlösbar fest aneinanderkleben.

Beim Affenzahn soll der behende kletternde Affe nur die atemberaubende Geschwindigkeit veranschaulichen. Früher wurde der Handgashebel beim Auto an einem gezähnten Kreisausschnitt entlang geführt. Mit jedem Zahn, um den man sich der oberen Grenze näherte, stieg die Geschwindigkeit. Deshalb legt man auch einen Zahn zu, wenn man sich beeilt. Der Begriff affenartige Geschwindigkeit wurde allerdings schon 1866 in dem Satireblatt „Kladderadatsch“ geprägt.

Äffchen können sehr possierlich sein. Und da sie gern in den Spiegel gucken, gelten sie als eitel. Daher haben Betrunkene einen Affen, geben Eitle ihrem Affen Zucker, ist der Lackaffe ein aufgeblasener Angeber. Wenn es in der Politik Krach gibt, ist wieder der Affe los, nüscht wie Affentheater. Affig ist dagegen ein schillernder Begriff, mal anerkennend, mal spöttisch, mal tadelnd gemeint. Donnerwetter, dit sieht affich aus! Das ist ein Kompliment für eine extravagant gekleidete Frau. Wer ihre etwas schräge Aufmachung unmöglich findet, meint geschmacklos, wenn er affich sagt. Und man tadelt ein albernes Ding: Hab dich nich so affich!

Mach keen Zinnober, olle Zimtzicke!

Zimt ist ein edles Gewürz, hoch geschätzt seit der Antike. Zimt gehörte schon bei den alten Ägyptern zu den feinen Ingredienzien. Nur warum allerlei Redensarten, die Abfälliges ausdrücken, mit Zimtaroma gewürzt sein müssen, kommt uns seltsam vor. Wieso steht Zimt für Mist – Steigerung Bockmist? Das hat, um es vorwegzunehmen, mit dem teuren Gewürz überhaupt nichts zu tun.

Nu red keenen Zimt! Das ist auf gut Berlinisch seit ungefähr 1870 eine schnodderige Aufforderung, mit unsinnigem Geschwätz aufzuhören. Man sagt ja auch: Rede keen Blech. Manch einer geht einem auf die Nerven mit seinem Zimt – oder Quatsch. Das heißt, er macht Tamtam, er benimmt sich affektiert, er regt sich künstlich auf. Wenn sich eine Frau so verhält, ist sie gleich 'ne olle Zimtzicke. Das ist wieder so eine Steigerung der ollen doofen Zicke. Der richtige Berliner, der vor Selbstbewusstsein strotzt, ist ja mit abfälligen Prädikaten für andere nicht zimperlich. Einen Zimtbock kennt man dagegen nicht. Der könnte ja auch nicht mit der richtigen Sprachmelodie dienen.

Manch einer macht auch Zimt, und damit rücken wir der Erklärung für den seltsamen Zimt schon ein wenig näher. Wer Zimt macht, erlaubt sich eine törichte Fehlleistung oder sogar kriminelles Verhalten. Wer vorsichtig ist und einen guten Riecher hat, dem kann das nicht so leicht passieren. Er hat den richtigen Animus und lässt schon deshalb die Finger von faulem Zimt oder faulem Zauber.

Darunter sind zwielichtige, fragwürdige, unsaubere oder rechtswidrige Geschäfte zu verstehen. Der Animus ist leicht als eine Ahnung in berlinisiertem Latein erkennbar. *Animare* bedeutet Leben einhauchen, beseelen.

Der janze Zimt, der janze Zinnober is unwichtich, sagt man von überflüssigen Nichtigkeiten. Vielleicht ist der Zinnober auch nur eine Entstellung von Zimt in der Bedeutung von Mist, denn mit Zinnober meint man ebenfalls Wertlosigkeit, überflüssige Umstände, Prahlerei, Lug und Trug. Damit hat es nun eine eigene Bewandtnis. Alchemisten wollten bei ihren Versuchen einer Synthese von Schwefel und Quecksilber Gold gewinnen. Es kam aber immer nur Zinnober heraus, das rote Mineral.

Jedenfalls ist das Wort Zimt als Synonym für Gold, das ja auch gefälscht wurde, in die Gaukler- und Gaunersprache Rotwelsch eingesickert Da wird man bei Andreas Nachama („Jiddisch im Berliner Jargon") fündig: Das jiddische Wort *ssimen* (hebräisch *ssiman*) heißt Zeichen oder Merkmal. Daraus soll Zimt geworden sein. Setze (mache) kein Zeichen, wäre die wörtliche Übersetzung der Mahnung: Rede (mache) keinen Zimt. Deshalb also ist das edle Gewürz im Spiel, wenn man etwas Auffälliges tut, Zicken dreht oder Blödsinn redet.

Nach der Deutung von Andreas Nachama kommt von *ssimen* auch das Versimsen. Doch diese Vokabel stirbt ab, denn sie wird nicht mehr gebraucht Zum Glück wird nicht mehr versimst, verdroschen, verkloppt und durchgehauen. Mit einer Wucht oder Tracht Prügel werden in der Kindererziehung keine pädagogischen Zeichen mehr gesetzt, gut so.

Wenn der Pleitegeier flattert

Ick bin klamm, nee, total abjebrannt, einfach Pleite, nüscht wie Miese uffm Konto. Den Ausverkoof kann ick mir ooch abschminken. So stöhnte die Nachbarin. Aber vielleicht geht sie ja doch wieder auf Schnäppchenjagd. Die Geschäfte verramschen im Ausverkauf schließlich auch gute Qualität, damit die Regale für neue Waren frei werden. Das schätzen sogar feine Pinkel mit reichlich Kies.

Seit den Brandschatzungen und Verwüstungen im Dreißigjährigen Krieg ist abgebrannt ein Gleichnis für materielle Verluste schlechthin. In Bezug auf Geldverlegenheit benutzt der Berliner das Wort ebenso gern wie klamm. Es kommt von klemmen. Man ist in der (Geld)Klemme. Aber auch die Wäsche ist klamm (bügelfeucht). Die Finger sind klamm, also steif von der Kälte. Da wird einem janz mies, nicht nur wegen der Miesen, der roten Zahlen auf dem Konto.

Hier haben wir es wieder stärker mit dem Einfluss des Jiddischen auf unsere Stadtsprache zu tun, als man denkt. Das jiddische Wort *mis* bedeutet schlecht, übel, widerwärtig. Daher geht es auch dem Armen und Kranken miserabel oder einfach mies. Nur der Miesmacher sieht immerfort schwarz, auch wenn gar kein Grund dafür vorhanden ist. Er kann einem jede Freude vermiesen. Die Pleite hat ebenfalls ihre jiddische Wurzel, und zwar in dem Wort *pleto*, das Flucht oder Entrinnen bedeutet. Der Bankrotteur sucht womöglich vor seinen Gläubigern das Weite. Kunststück, sagt der Berliner trocken: Fassen Se mal 'n nackten Mann inne Tasche! Dabei hat der Zahlungsunfähige vielleicht Schmu gemacht, also betrügerisch einen Batzen Geld beiseite geschafft. Legt die Hausfrau vom Kostgeld heimlich etwas für Anschaffungen zurück, macht sie zwar auch Schmu, aber das ist klug und kein Delikt. Nur – wo das

Wort Schmu herkommt, ist nicht ganz klar. Im Rotwelschen ist *schmu* die Tasche, in die man den Gewinn steckt. Manche halten den Begriff aber für die Kurzform von schmuggeln.

Über Unternehmen, die vor dem Konkurs stehen, kreist der Pleitegeier. Dieser Unheil verkündende Vogel, der sich über Tote und Aas hermacht, hat die Fantasie beflügelt Der Pleitegeier ist gar kein Geschöpf der Zoologie, sondern der materiellen Verhältnisse und sprachlich ein deutsch-jiddisch zusammengesetztes Wort. Dieser Geier ist wörtlich ein Pleitegeher. Das kommt daher, dass man im Jiddischen *Geher* wie Geier spricht. Der feine Pinkel kommt ja auch nicht vom Pinkeln, sondern von Pinke für Geld (hebräisch *pinkas*). Falls er nicht die Chuzpe (raffinierte Unverschämtheit) hat, nur so zu tun, raschelt er wirklich mit dem Kies, dem Geldbeutel (hebräisch *kiss*).

Die Schnäppchenjagd aber ist ganz neudeutsch, erst seit etwa 1955 ein Begriff. Man schnappt sich günstige Angebote. Mit der Qualität des zu Schleuderpreisen Verramschten ist es nicht weit her, es sei denn, man hat Glück. Beim Ramsch darf man rätseln, ob er von *ramo* (hebräisch betrügen), *ramas* (französisch ein Haufen wertloser Dinge) oder von *ramp* (niederdeutsch bunt zusammengewürfelte Sachen) herrührt.

Auf einer Kuhhaut zum Galgen geschleift

Der waschechte Berliner sagt oft bewusst das Gegenteil von dem, was er meint. Er drückt sich nämlich klar aus. Und das unterstreicht er durch ironische Floskeln, damit es auch das dümmste Karnickel begreift, vastehste! So erklärt sich beispielsweise die Vorliebe für das Wörtchen komisch.

Wer seine Mucken hat, ist ein komischer Vogel. Komm mir bloß nich komisch! Mach dir deine komischen Allüren ab, die kannste dir rausnehmen lassen, die jehn ja uff keene Kuhhaut. Mach ma nich breejenklietrich, sonst wer'ck komisch, ick bin schon janz rammdösich. Pass mal uff, bei mir wird nich jekoddert, darin bin ick komisch. Ick weeß nich, mir is so komisch, ick gloobe, ick brüte 'ne Grippe aus.

So ungewaschen, wie es das Wort treffend sagt, ist die berühmt-berüchtigte rotzfreche Kodderschnauze. Kodder ist im Niederdeutschen Schleim und Rotz. Wer koddert, wäscht seine Wäsche nicht reinlich. Bei armen Leuten wurde früher die Wäsche inne Küche ausjekoddert, womöglich im Finkennapp (kleine Schüssel). Klar, dass uns kodderig wird, wenn uns übel wird. Komisch, man muss kotzen wie ein Reiher.

Allüren haben Leute, die sich naseweis, hochnäsig, anmaßend, unverschämt (echt Berlinisch: ausverschämt) aufführen. Die sollen sich ihre Allüren abmachen, besser noch rausnehmen lassen wie schlechte Zähne oder Mandeln. Die Empfehlung signalisiert: Damit kommste bei mir nich durch! Da lachen ja die Hühner. Sprachlich haben uns die napoleonischen Soldaten vor zwei Jahrhunderten die Allüren aus Frankreich mitgebracht. *L'allure* ist wörtlich eine bestimmte Gangart, auch die Fährte eines Tieres, im übertragenen Sinne das Benehmen, berlinisch Benimm. Mit der Einzahl Allüre hält sich der Berliner aber gar nicht erst auf. Der Plural Allürn – das e wird verschluckt – geht viel leichter von der Zunge.

Rammdösig bedeutet so viel wie schwach, benommen, weggetreten. Das ist vom niederdeutschen *dösen* hergeleitet. Dösen heißt gedankenlos oder schläfrig dasitzen, rumdösen eben. Das tut der Döskopp. Wer brägenklieterig ist, dem brummt dagegen der Schädel, er ist ganz kribbelig vor Nervosität. Das Gehirn (Bragen, berlinisch Breejen) ist auf

Norddeutsch *klöterig*. Es klötert (rappelt) im Kopf; in Berliner Köpfen klietert es. So fix und fertig kann einen nur eine Nervensäge machen oder jemand, der schwindelt, dass es auf keine Kuhhaut geht.
Ja, ein Sündenregister kann so schlimm sein, dass es auf keine Kuhhaut passt. Diese Redewendung stammt aus dem finstersten Mittelalter. Verbrecher wurden auf einer Kuhhaut zum Galgen geschleift, Ehebrecherinnen in eine Kuhhaut genäht und ertränkt. Na, die hatten ‘n Jemüt wie ‘n Schaukelpferd, grauenvoll. Doch wat sachste dazu?! Selbst im „Criminal-Gesetzbuch" von 1840 für das Königreich Hannover stand noch die Vorschrift: „Wenn das Gesetz geschärfte Todesstrafe bestimmt (bei Hochverrat und Verwandtenmord), so soll der Verbrecher auf einer Kuhhaut zum Richtplatz geschleift werden". Was doch unter einer scheinbar harmlosen Redensart Schreckliches vergraben ist.

Die Zimperliese zickt dauernd rum

Die nich. Die is mir zu etepetete. Die Zimperliese zickt dauernd rum, die dumme Pute. Da reiß ick mir keen Been mehr aus. Mit der isses Essich. Brauchen wa jar nich mehr zu palavern. – Wat denn, ach du heiljer Bimbam. Die Kleene is doch ‘n janz flotter Käfer. Ick wette, morjen is wieder alles paletti mit euch. Könn wa jetzt schon bejießen. Wo bleibt ‘n der Kiestreter ...
Aha, ein Gespräch unter Männern im Berliner Gartenlokal. Man merkts am Kiestreter, dem Ober, unter dessen Sohlen die Kiesel knirschen. Der Spitzname für den Kellner muss relativ neu sein, denn in keinem Berlin-Wörterbuch ist er verzeichnet. Etepete findet der beleidigte Gockel die dumme Pute. Das allerdings konnten echte Berliner Pflanzen

noch nie leiden. Unter dieser Eigenschaft versteht man schon seit dem 18. Jahrhundert geziert, zimperlich, pedantisch, prüde. Seit etwa 1950 kam die Bedeutung von langsam und trantutig hinzu. Wer nun auf die sprachliche Herkunft vom französischen *être, peut-être* (im Zweifel sein; kokettes vielleicht, kann sein) tippt, liegt wohl falsch. Es kann auch sein, dass etepetete auf dem niederdeutschen *öte, ete* (öde, spröde, geziert) fußt. Das ironische Spiel mit den Lauten wäre nur Zugabe. Bei Theodor Fontane (Frau Jenny Treibe!) liest man: „Die Kommerzienrätin ist eine gestolzte Frau, die immer bloß öte petöte tut".
Wenn aus einer Sache nichts wird, dann ist es Essig damit. Pech gehabt, sie hat sich, humorig französisch frisiert, pechös entwickelt. Man sieht und riecht förmlich den Wein, der zu Essig versäuert ist. Die Redewendung ist zwar uralt, aber sie wurde wohl zusätzlich belebt durch das jiddische Wort *hesek* (Rotwelsch *hessek*) für Schaden, Verlust. Der Berliner verstand jedenfalls Essig.
Dieselbe Bedeutung hat auch die Redewendung: Da haste mit Zitronen jehandelt. Das hat mit dem Bild zu tun, dass jemand abgibt, wenn er in eine Zitrone beißt: er verzieht den Mund. Und ist einer auf einen anderen sauer, kommt diese Metapher ebenfalls von daher.
Alles paletti bedeutet genau das Gegenteil: alles klar, alles in Ordnung, fabelhaft. Vor 50 Jahren kam diese Redensart auf. Woher, ist unklar. Angeblich haben sie Wintersportler aus Italien mitgebracht; dort ist sie aber nicht gebräuchlich. Beim Skislalom werden je zwei Pfähle als Tore aufgestellt, die der Slalomfahrer vorschriftsmäßig umfahren muss. Die Schiedsrichter rufen dann: *tutti paletti* – alle Pfähle (genommen)! Palo ist der Pfahl, paletto ein kleiner Pfahl oder Riegel. Tutti paletti bedeutet in diesem Sinn, dass beim Lauf alles in Ordnung war. Diese Deutung ist jedoch durch Sprachforscher nicht gesichert.

Palaver (endloses Gerede) ist ein typisches Wanderwort. Von der lateinischen Wurzel *parabola* (Bericht, Erzählung) zweigten die Portugiesen *palavra* ab. So nannten die portugiesischen Händler an der afrikanischen Küste ihre langwierigen Verhandlungen mit den Eingeborenen. Afrikanische Stämme übernahmen das Wort und bezeichneten ihre religiösen und gerichtlichen Versammlungen als Palaver. Von dort kehrte der Begriff im 19. Jahrhundert zurück, in unsere Umgangssprache – nicht gerade unter heiligem Bimbam, dem Glockengeläut, sondern abwertend gemeint.

In Bildern reden

Ich zeig dir, was 'ne Harke ist

Der Berliner kann anstrengend sein, ziemlich rücksichtslos, denn er macht sich gern dicke. Mit dem Mund kennt er keine Vorsicht, kein bisschen Diplomatie. Zugereiste reagieren auf seine sehr direkte Ausdrucksweise erst einmal vollkommen konsterniert, bevor sie sich daran gewöhnen. Wenn ein Berliner an irgendetwas oder an irgendjemandem Anstoß nimmt, dann sagt er es ungeniert. Ach was, er geigt anderen die Meinung, er stößt ihnen Bescheid, aber wie! Dem wer'ck zeijen, wat 'ne Harke is! Was heißt hier grobschlächtig? Bloß keine falsche Höflichkeit. Wie kommen wir denn dazu?

So eine Aussprache, die recht temperamentvoll verlaufen kann, beginnt mit einer kurzen agressiven Warnung. „Trude, machs Fenster zu, ick hab mit dir zu reden!" Seelenruhig schloss meine Großmutter das Fenster der Parterre-Wohnung am Prenzlauer Berg, als ihr Schwägerin Lieschen schon von der Straße aus so unverschämt kam; sie waren ja beide Berliner Pflanzen. Das war vor ungefähr 80 Jahren. Total cool finden die mit Amerikanismen gefütterten Urenkel diese Gelassenheit

Doch die Episode aus der Familiensaga zeugt nur vom Hang zum Theatralischen, und der ist bei uns keineswegs ausgestorben. Gerade im donnernden Wortschwall ist ein humorvoller Unterton versteckt, dass es nicht ganz so schlimm gemeint ist. Man muss ihn nur heraushören können. Dann kann man einigermaßen ruhig abwarten, bis sich der andere abgeregt hat. Nu mach mal 'n Punkt. Und denn reech da nich uff, reech da lieba ab, sagt man. Hinterher kann man sich immer noch beharken, dass die Fetzen fliegen. Auch das geht schließlich vorüber. Deswejen doch keene Feindschaft nich.

Was aber hat das Gartengerät mit einer verbalen Auseinandersetzung zu tun? Die Redensart stammt von der Urmutter des Berlinischen, dem Niederdeutschen. Die Wendung geht auf die Anekdote vom Bauernsohn zurück, der nach längerem Aufenthalt in der Fremde den heimatlichen Hof nicht mehr schätzen, ja nicht einmal mehr kennen wollte. Erst als er aus Versehen auf die Zinken der Harke trat, so dass ihm der Stiel schmerzhaft gegen den Kopf schlug, verriet er sich durch den Ausruf: „Verfluchte Harke!" Mit dem tadelnden Spottruf: „He kennt de Harke nich!" ist im Holsteinischen ein hochmütiger, dünkelhafter Mensch gemeint. Und auch bei uns zeigt man einem, von dem man meint, man müsse ihn scharf zurechtweisen, was eine Harke ist.

Im Lichte der germanischen Götter- und Geisterwelt nimmt nun die Harke eine ganz andere Gestalt an, mit der die Redensart auch ihren Sinn macht. Frau Harke ist im Niederdeutschen der Name für Frau Holle (Holda), die im Grimmschen Märchen als Hüterin der Häuslichkeit fortlebt. Sie belohnt das umsichtig fleißige Mädchen mit Gold; sie straft das hochnäsig faule Mädchen mit Pech. Bei den ollen Germanen war diese Person eine Hexe oder Dämonin, dann ein kultisch verehrtes Jenseitswesen. Jedenfalls bestrafte sie das Böse und belohnte das Gute. Ihre Herkunft von der Erd- und Fruchtbarkeitsgöttin *Hludana* (westgermanisch) oder *Hlodin* (nordgermanisch) ist aber nur eine Annahme.

Wenn der Jroschen fennichweise fällt

Man mag sparsam mit dem Cent und dem Euro rechnen oder wie bis Ende des Jahres 2001 mit Mark und Pfennig. Trotzdem reden wir in Berlin beim Bezahlen immer noch vom Groschen und Sechser. Versteht doch jeder, nicht wahr. Beide Münzen gibt es zwar schon seit 1873 nicht mehr, aber aus dem Berliner Sprachgebrauch sind sie nicht wegzudenken. Meine Mutter war gar nicht fürs Berlinern. Doch sie drückte sich beinahe unbewusst öfter in Berlinismen aus. Je nachdem, ob wir als Kinder ulkige Einfälle oder etwas ausgefressen hatten, reagierte sie amüsiert oder streng mit ihrem Lieblingsausspruch: „Du bist wohl nicht recht bei Groschen." Das variierte gelegentlich. „Du bist wohl nicht recht bei Troste." „Du bist wohl nicht recht gescheit."

Wenn sie mit mir unerbittlich das Einmaleins übte und dabei die alte Singer-Nähmaschine trat, konnte ich auf den Ausruf warten: „Verflixt und zugenäht, du bist doch nicht aus Dummsdorf, möchte wissen, wann bei dir der Groschen fällt". Wer nun schwer von Kapee ist, was wieder die französisch frisierte Form von kapieren ist, bei dem fällt, auf gut Berlinisch gesagt, der Groschen fennichweise. So einer hat nich mal fürn Sechser Verstand, zu dusselich. Wir kennen den Telefongroschen, den Geldspielautomaten als Groschengrab, das Groschenblatt, den Groschenroman. Über eine allzu bescheiden auftretende Tante, die nichts aus sich zu machen verstand, pflegte meine Mutter den Kopf zu schütteln: „Ich verstehe sie nicht, das hat sie doch nicht nötig, man möchte ihr 'n Groschen schenken". Unter einem Acht-Groschen-Jungen verstand man anno dunnemals einen Polizeispitzel, später einen Strichjungen. Billiger Kram ist dagegen keinen Sechser wert. Und petzende Kinder sollten sich schämen. Sie bekommen zur

Strafe zu hören: Petze, Petze jing in Laden, wollt fürn Sechser Petze haben, fürn Sechser Petze jibt et nicht, Petze, Petze ärjert sich. Unangenehmes geht dem Berliner durch Mark und Fennich; so kalauert er.
Den Groschen gab es seit dem Mittelalter nach dem Vorbild des Prager Groschens natürlich auch anderswo, aber nicht überall in deutschen Landen. Der Begriff ist vom mittellateinischen Denarius grossus – dicker Pfennig – hergeleitet. In Preußen hatte von 1821 bis 1873 der Taler 30 Silbergroschen zu je zwölf Pfennigen. Der Sechser war mithin ein halber Groschen, eine Sechs-Pfennig-Münze. 1873 kam die einheitliche Mark mit Zehn-Pfennig- und Fünf-Pfennig-Münzen, was man sprachlich kaum zur Kenntnis nahm. Und jetzt lassen wir uns die Groschen und Sechser auch vom Cent nicht kaputt machen. Ham wa nich nötich.
Deshalb sind wir noch lange nicht aus Dummsdorf. Wo das liegt? Dummsdorf, wo die Dummen wohnen, wird man auf Landkarten vergeblich suchen. Das ist ja auch eine Erfindung von Adolf Glaßbrenner (1810 bis 1876), dem Berliner Volksdichter. Berlin wuchs, man war stolz darauf. Und die Zugereisten vom Lande wollten zeigen, dass sie schlau waren und sich zu behaupten wussten. „Wir sind hier ooch nich aus Dummsdorf", schrieb Glaßbrenner. Seine Sentenz wurde zum geflügelten Wort.

Rin inne Kartoffeln, raus aus de Kartoffeln

Es soll vorkommen, dass Entscheidungen rückgängig gemacht werden, dass Beziehungen in die Brüche gehen oder – ganz schwierig – in der Schwebe bleiben. Mit dein komischen Bräutjam stimmt doch wat nich. Mal kommta, mal kommta nich. Wat willa denn nu? Imma rin inne Kartoffeln und raus aus de Kartoffeln. So wunderte sich die

Uroma. Und so redet man heute noch über alles, was wankelmütig ist. Nur die Bräutjams gibt es nicht mehr. Der Bräutigam spielt seine Rolle, sagen wir, am Hochzeitstag. Sonst passt er nicht mehr in die gesellschaftliche Wirklichkeit; der Lover und der Lebensgefährte haben ihn abgelöst. Aber wenn der Lover komisch wird und nicht weiß, was er will, lässt man ihn ruckzuck janz cool fallen wie 'ne heiße Kartoffel. So viel weibliches Selbstbewusstsein muss sein.

Rin inne Kartoffeln, raus aus de Kartoffeln – das ist eine alte Redensart. Sie entstammt der Militärsprache, obwohl sie sich gar nicht danach anhört. Ungeachtet des berühmt-berüchtigten preußischen Drills kommt die Wendung daher. Anno dunnemals herrschte öfter Unklarheit über die Einbeziehung der Kartoffeläcker in die Manöver. Der eine Offizier erklärte die Kartoffelfelder für tabu, der nächste befahl das Gegenteil.

Überhaupt ist die Kartoffel als Metapher nicht aus dem Berliner Sprachgebrauch wegzudenken. Aber wir leben ja auch in Restpreußen, ohne Kartoffeln geht gar nichts. Na ja, die Kids hams mit de Fritten und mit de Nudeln. Friedrich der Große befahl den Kartoffelanbau zunächst in seinen Provinzen Schlesien und Pommern. Die Kartoffel wurde rasch zum preußischen Grundnahrungsmittel. Sie ist gesund und genügsam. Sie gedeiht besser in der märkischen Streusandbüchse als auf schweren Böden. Noch heute nennt man die Herbstferien in Brandenburg auf dem Lande Kartoffelferien. Die Kinder wurden bei der Ernte gebraucht – früher, heute nicht mehr. Doch nur Neidhammel finden, dass die dümmsten Bauern die dicksten Kartoffeln ernten.

Im Berlinischen machen wir uns über die Kartoffelneese lustig, die Knollennase. Und wir kennen dit verschrumpelte Kartoffeljesichte hochbetagter Zeitgenossen. Nur dass man etwas oder jemanden fallen lassen kann wie eine heiße Kartoffel, ist uns in unserer sprachschöpferischen Fantasie nicht selbst eingefallen. Diese Redewendung haben wir erst etwa 1950 aus dem Englischen übernommen, nachzulesen in Küppers „Wörterbuch der deutschen Umgangssprache“: „to drop something like a hot potato“. Egal, die Redewendung gefällt uns, sie passt schließlich zu uns. Manche Politiker haben zwar den Mut, eine neue Idee wie eine heiße Kartoffel in die Hand zu nehmen, andere lassen dieselbe jedoch schnellstens fallen, sobald es unbequem wird, weil sich Protest erhebt. Janz Abjebrühte schieben sie anderen zu, um sich nicht selbst daran die Finger zu verbrennen. Der Berliner aber witzelt auch selbstironisch über sein unverzichtbares Grundnahrungsmittel, das im Frankreich Ludwigs XIV. noch als Delikatesse an der höfischen Tafel galt: Kartoffeln jehörn in‘n Keller!

Hör ma Puppe, bei mir is Fuffzn!

Der Berliner hat es seit jeher wahnsinnig eilig. „... Die Großstadt schreit: Keine Zeit! Keine Zeit! Keine Zeit! ...“, schrieb Walter Mehring in seinem Gedicht „Heimat Berlin“ in den zwanziger Jahren des vorigen Jahrhunderts. Das heißt nicht, dass es uns leichter fällt als anderen, wirklich mit der Zeit zu gehen. Insofern ist das Berliner Tempo ein Mythos. Obwohl dieses Tempo seit der Einheit wieder zunimmt, herrscht manchmal bloß hektischer Stillstand. „Fröhlich krähen die Kapäune, in sieben Minuten isses neune.“ So heiter-gemütlich redete ein Moderator des RIAS (Rundfunk im Amerikanischen Sektor) zu Mauer-Zeiten. War das nicht vor einer halben Ewigkeit? Heute klingt alles marktschreierisch und obendrein gereizt.
Die echt berlinische Frage lautet natürlich: Kannste mir mal die Uhr saren? Die Antwort kann holperig ausfallen: Es is

jenau vier vor dreiviertel zwölfe. Man soll den Berlinern ihre eigenwillige Zeitangabe nicht nehmen, auch wenn die rheinischen Neuberliner daran zu knabbern haben. Wir wollen doch nicht aus den Latschen kippen und unsere Identität verlieren. Es gibt allerdings komische Verständigungsprobleme, wenn man in einem Ministerium oder Bundestagsbüro anruft. Berlinerin: Ach, der is nich da, schade. Kann ick gegen vürtel ölf noch mal anrufen? Bonnerin: Jut, 'ch notiere, viertel nach elf. Berlinerin: Nee, es pressiert, lieber früher, wenns jeht, wenichstens um dreivürtel? Bonnerin: Wat is dat denn? Sie sachten doch Viertel nach! Berlinerin: Vaehrteste! Ich meinte viertel elf, also wenn Se wolln, zehn Uhr fünfzehn in Jottes Namen! Um Missverständnissen vorzubeugen, drückt man sich am besten steril wie die elektronische Uhr aus: 10 Uhr 15; 10 Uhr 45; 11 Uhr 15. Und so weiter.

Allein sind die Berliner mit ihrem Farbtupfer nun auch wieder nicht. Viertel elf und dreiviertel elf sagt man im ostniederdeutschen Raum, in Sachsen, Thüringen, Franken und im schwäbisch-alemannischen Gebiet. Viertel nach zehn und viertel vor elf sagen dagegen alle anderen, also die Westniederdeutschen, die Hessen, Westfalen, Rheinländer, Pfälzer und Bayern. Wenn es aber beim Berliner Dreizehn schlägt, ist er überrascht, und zwar höchst unangenehm. Nu schlägts aber 13! Da ist etwas passiert, die Uhren schlagen ja nur bis 12. Und die Dreizehn ist bekanntlich eine Unglückszahl. Dreizehn ist des Teufels Dutzend, besagt eine alte Spruchweisheit für Abergläubische.
Wendet sich der Berliner jedoch ab, dann is bei ihm Fuffzn! Mit der Drohung: Hör ma Puppe, bei mir is Fuffzn!, macht der Grobian seiner Liebsten die Hölle heiß. Schmeißt er vor Ärger die Arbeit, sagt er: Chef, bei mir is Fuffzn! Mit der Zahl Fünfzehn hat es eine eigene historische Bewandtnis. In bestimmten Berufen wurden bei schwerer körperlicher Arbeit fünfzehnminütige Pausen eingelegt. Die Redensart kann auch vom Einrammen von Pfählen herrühren; bei dieser schweren Tätigkeit lösten sich die Arbeiter nach jeweils 15 Schlägen ab. Es sei, wie es sei. Wer eine schöpferische oder Verschnaufpause bei harter Schufterei zu Hause oder im Berufsstress braucht, legt sie ein: Komm, jetzt machen wa erst mal fünf Minuten Fuffzn, hinterher gehts nochmal so schnell.

Fertich is die Laube

Die jut jebratne Jans is ‘ne jute Jabe Jottes. Aber nach den Feiertagen fühlt sich manch einer bekanntlich selbst volljestoppt wie ‘ne Weihnachtsjans. Deshalb machen wa am dritten Feiertach keen großet Jewese ums Essen und halten uns nich lange mit de Küche uff. Fertich is der Lack. Nee, uff Berlinisch heeßt et: Fertich is die Laube. Der Berliner liebt sowieso keen Jemache und Jetue. Bloß nich so ville Menkenke. Wenn es nicht unbedingt sein muss, (p)feift er im Grunde auf große Umstände. Richtig, selbst das pf ist meistens überflüssig. Man sagt ganz sauber Feife, Feffer, Fefferlinge (Pfifferlinge), Flaume. Und Appel natürlich. Das sind alles Relikte des niederdeutsch-märkischen Platt.

Jawollja, sprach die Olja zur Bekräftigung. Berliner witzeln gern rasch, kurz und knapp in Reimen. Menkenke ist übrigens eine Streckform von mengen, also ein Gemisch im Sinne von Durcheinander und unnötigem Aufwand, schon seit etwa 1840 in unserem Sprachgebrauch. Ohne großen Aufwand ist auch die Laube fertig. Nicht nur passionierte Laubenpieper (Kleingärtner) kennen den alten Spruch: Wer Jott vertraut und Bretter klaut, hat bald 'ne billje Laube.

Berlin und seine Laubenpieper: Die kleinen Leute aus den Mietskasernen hatten im Kleingarten ihr erholsames Refugium. Das war einmal eine soziale Bewegung, aber noch heute wird um die Erhaltung jeder Parzelle gekämpft. Die bündige Weisheit: Und fertig ist die Laube! hat allerdings einen namentlich bekannten Urheber. Es war der studierte Chemiker und gelernte Berliner Emil Jacobsen aus Danzig. Dieser angesehene Akademiker teilte nicht nur das Faible fürs Verse-Schmieden, sondern sonderbarerweise auch für die Laubenpieper-Idylle. Wie man in einer der Berliner Geschichten des Heimatkundlers Kurt Pomplun nachlesen kann, gründete Jacobsen anno 1882 sogar einen „Allgemeinen Deutschen Reim-Verein". Diesem denkwürdigen Verein gehörten auch seine Dichter-Freunde Julius Stinde und Heinrich Seidel an. Ingenieur Seidel hatte sich einen Namen als Miterbauer des Anhalter Bahnhofs gemacht.

Jacobsen war ein vermögender Mann. Trotzdem hatte er am Tegeler See eine bescheidene Wochenend-Laube, in die er sich gern zurückzog, genannt die „Verse-Schmiede". Diese Idylle hat er in dem selbst verfassten Gedicht „Fertig ist die Laube" besungen: „Protzen schmoren in Palästen, Freude wohnt in Bretterkästen, denn die Kunst am besten schmeckt, ist man selber Architekt, fertig ist die Laube!" Nach einem ärgerlichen Einbruch in seine Laube deponierte Jacobsen dort eventuellen Wiederholungstätern zur Lehre eine Flasche Schnaps, den er mit einem Abführmittel versetzt hatte. Heinrich Seidel legte einen humorig beschriebenen Zettel dazu: „Am Einbrechen und Plündern kann ich niemand verhindern. Gott verzeih ihnen die Sünde, der Schnaps steht im Spinde".

Ob sich ungebetene Gäste den Schnaps zur Beute gemacht und dann jämmerlich darunter gelitten haben, ist nicht überliefert. Doch in seinem Roman „Leberecht Hühnchen" hat Heinrich Seidel seinem originellen Freund Emil Jacobsen als Doktor Havelmüller ein Denkmal gesetzt.

Riegelotto und der liegende Flohhändler

Stell dir vor, Mutti, bei Schlächter Otte war eine Frau, die wollte Gullpopo, aber er hatte keines. Meine Mutter sah mich nur über ihren Brillenrand hinweg an und meinte kopfschüttelnd: Na, sag mal an, aber ich will das nicht hören. Nun sah sich mein Vater zu einem längeren Vortrag veranlasst, warum man Gulasch nicht mit r schreibt, dass Wort und Gericht aus dem Ungarischen kommen, und überhaupt, dass ein Kalauer kein geistvoller Witz sei. Er kam auch auf Goethe und seinen Götz von Berlichingen zu sprechen und dass sich der Dichter bei dem Zitat mit den Pünktchen schließlich etwas gedacht habe. Das war wenige Jahre nach dem Krieg in Werneuchen bei Berlin.

Mit den Pünktchen ist es nichts mehr. In Küppers „Wörterbuch der deutschen Umgangssprache" sind sage und schreibe 257 Redewendungen mit Arsch zu lesen und noch etliche zusammengesetzte Wörter dazu. Gullpopo ist allerdings weder dort noch in irgendeinem Berlin-Wörterbuch zu finden. Es passt jedoch prima zum Berliner Hang zu Wortverdrehungen und Kalauern. So wurde der Conferencier als Komm-Franz-und-jeh veralbert. Nullouvert kennen Skatspieler als Null uffs Ferd.

Opern mussten auch immer für berlinisch respektlose Witzeleien herhalten. Die Skala reicht vom Schreifritz (Freischütz) und Riegelotto (Rigoletto) bis zum liegenden Flohhändler (Der fliegende Holländer). Die berühmte, traditionsreiche Singakademie, in deren Gebäude heute das Maxim-Gorki-Theater residiert, wurde als Singepidemie tituliert. Im Ost-Berliner Spott wurde die Pionierleiterin als Pionöse veralbert, so eine Art Polit-Balletteuse.

Über die Herkunft des Kalauers gibt es gleich drei Versionen. Laut Küpper wurzelt der Kalauer in dem französischen Wort *calembour*; das ist ein anspruchsloser Witz. Küpper verweist aber auch auf die Anlehnung an die Stadt Calau in der Niederlausitz. Walter Kiaulehn hat die Ableitung aus dem Französischen ebenfalls nicht bestritten. Doch kamen nach seiner Überlieferung tatsächlich Witze aus Calau. Dort wohnte in den fünfziger Jahren des 19. Jahrhunderts Ernst Dohm, Redakteur des sehr bekannten – und alles andere als anspruchslosen – Satireblattes „Kladderadatsch". Aus der Provinzstadt bei Cottbus schickte Dohm seine Witze an die Redaktion des „Kladderadatsch", die häufig mit der Formel begannen: „Aus Calau wird gemeldet ..."

In Berlin hielt sich auch noch eine dritte Kalauer-Version, auf die Kiaulehn hingewiesen hat. Danach boten Schuhmacher aus Calau auf Berliner Jahrmärkten Stiefel guter Qualität feil, die viel preiswerter waren als die von Berliner Schuhmachern gefertigten. Wenn aber Calauer Stiefel bil lig zu haben waren, dann musste doch wohl ein Kalauer auch ein wohlfeiler Witz sein. Ein typischer alter Kalauer sei als Kostprobe wiedergegeben. Wenn de nich uffhörst, Kalauer zu machen, enterbe ick dir, drohte der Onkel dem Neffen. Darauf der Neffe trocken: Na jut, mach ick keene mehr. Kannste lauern, bis de kahl wirst.

Juten Rutsch, junge Frau

Der Berliner Charme hat seine eigene Note. Ein bisschen seltsam ist er, so trocken, spröde, raubeinig. Allenfalls wird er vom grobkörnig-sandigen Liebreiz der Brandenburger noch übertroffen. Oder von der Faszination der Magdeburger, denen der Industrie- und der lehmige Bördeboden gleichermaßen an den Füßen klebt. Also in Berlin keene falschen Verrenkungen mit Bitte und Danke. Schmeiß mal de Butta rüba!
Merkwürdig, dass beim Grüßen selbst der redseligste Berliner maulfaul ist: Morjen – Mahlzeit – Tach – Tach allerseits – Nahmt – Jute Nacht ooch – Tschüss. Das Höchste der Gefühle ist ein linkisches Schleifchen für Vertraute: Tachchen – Tschüsschen. Nur aufgekratzte Ost-Berliner sagen auch Tschüssi, aber das wird schon noch überspringen, es ruckelt sich gewiss gesamtstädtisch zurecht. Eine Freundin oder Verwandte, die es herzensgut meint, meldet sich etwa so am Telefon: Tachchen, Dagmar. Wie jehts, jehts jut? Mensch, dauert dit, bis bei euch eener ranjeht. Haste wieder dein komischet schnurloset Telefon nich gleich jefunden, wa? Und wie verabschieden sich dankbare Gäste nach einem reizenden Abend? Kinnings, es war sehr nett und schön und anregend, aber zu Hause stehen die Betten, und wir sitzen hier. Wir wolln ja keene Wurzeln schlagen. Erhebe dich, du schwacher Geist. Wir jehn!

Wundervolle Anreden hat der Berliner für Fremde. Tschuljung, sagen Se mal ... Sie, hörnse mal! Oder völlig unabhängig vom Alter: Junge Frau! Es ist erst ein paar Jahre her, dass ein Berliner Spitzenbeamter zur Beantwortung der Frage einer nicht mehr jungen Journalistin anhob: „Also, junge Frau ..." Sie fiel ihm sofort ins Wort: „Hab ich ja Schwein, dass ich nicht Ihr Muttchen bin."

Wie herzerfrischend rollen die Bayern ihr Grüß Gott. Wie adrett klingt das norddeutsche Moin, Moin. Die rheinischen Frohnaturen sind zwar niederdeutsche Tach-Sager wie wir, aber melodisch weich und behaglich fließt ihr Tach – und Tschöh. Damit fallen sie als Neuberliner richtig auf. Doch egal, ob Tschüss, Tschüssi oder Tschöh, das kommt alles vom selben französischen Adieu. Es ist auf Berlinisch nur modern gezischt, früher sagte man in Berlin Adschöh oder auch Adschee.

Modisch spendabel sind allerdings selbst die Berliner mit guten Wünschen. Die kommen wie aus dem Automaten. Schönen Feierabend, schönet Wochenende, schönen Sonntag, schöne Feiertage, schönen Urlaub. Und wenn Silvester naht, ist der jute Rutsch dran. Das Bild ist durchaus treffend. Man sieht sich wie von einer Rutschbahn schwungvoll ins neue Jahr gleiten. Andreas Nachama („Jiddisch im Berliner Jargon") bietet allerdings eine andere – und spannende – Deutung. Im Hebräischen ist *rosch* der erste Tag im Jahr (und im Monat). Somit wäre der gute Rutsch ein guter rosch, ein guter Jahresanfang, was ja viel wert ist. Man kann sich übrigens gegenseitig nichts Besseres als Hals- und Beinbruch wünschen, und das tut der Berliner ebenfalls herzlich gern. Das kommt vom jiddischen *hazlocho we brocho*; es bedeutet schlicht Glück und Segen. Und es passt obendrein wunderbar zu unserer Vorliebe für verquaddelte fremde Sprachbrocken.

Säufste nich, stirbste ooch

Zwar gibt es selbst in Berlin nicht mehr an jeder Ecke eine Kneipe, aber was 'ne jehobene Kneipe, 'ne Kaschemme und 'ne Stampe is, weiß der Berliner, auch wenn er heutzutage meistens sein Bier zu Hause vor dem Fernseher trinkt. Er hat auch das Erbe der vielen Sprüche über den Suff nicht vergessen. Zum Beispiel diesen nicht: Säufste, stirbste. Säufste nich, stirbste ooch. Also säufste. Die typischen Kneipengänger waren einmal in den Arbeitervierteln zu Hause. Sie hatten immer einen Grund, den harten Alltag beim Budiker zu ertränken. Dort wurde auch alles Mögliche gefeiert – bis hin zum Leichenbegängnis für einen teuren Toten. „Fell versaufen" nennt man das. Heutzutage tut man es in einem – Restaurant.

Die Kneipe ist seit dem 18. Jahrhundert ein Begriff. Sie tauchte zuerst als Kneipschenke auf. Das war ein beengtes, bescheidenes Wirtshaus. Die Kneipe wurzelt sprachlich im niederdeutschen Verb *kneipen* für kneifen oder klemmen. Im Rotwelschen war sie ein kleines trübes Wirtshaus, in dem das Ganoven-Gelichter unter sich war. Von dort ging der Begriff in die Studentensprache über und wurde schließlich volkstümlich. Ob gepflegte Behaglichkeit oder billige Gewöhnlichkeit, der Wirt ist immer – französisch frisiert – der Kneipier (der Berliner sagt Kneipjee) oder Budiker. Hinter dem Budiker steckt die Boutique, die nur noch als feiner, teurer Laden bekannt ist.

Kaschemmen und Stampen sind dagegen lausige Kneipen, janz jemeine Sechsertöppe. Der Berliner sagt Schtampe, obwohl sie von *estaminet* (kleine Schenke) abstammt, ein Begriff, den die napoleonischen Besatzungssoldaten hinterlassen haben. Die Kaschemme verdanken wir dagegen dem Rotwelschen, das aus mehreren Sprachen schöpfte: sor-

bisch *korcma*, polnisch *carczma*, die Zigeuner sagten *kertstma* und *katsima*.
Trinken kann jeder. Urberlinisch stemmt und zischt man die Molle. Das Wort ist der Mulde (norddeutsch Molde, Molle) für ein rundes oder ovales Gefäß entlehnt. Wir kennen die Backmulde für den Brotteig noch. Die Molle hat mächtig die Fantasie angeregt. Vom vielen Picheln bekommt man einen Mollenfriedhof (Bierbauch). Wer unbeholfen und ratlos wirkt und auch noch etwas dicklifett ist, wird als mollekendoof belästert, egal, ob Kind oder erwachsen, weiblich oder männlich.
Zur Molle gehört ein Korn, zumindest in der Kneipe. Harmloser und gemütlicher als Schnaps klingt das Schnäpschen oder gar Schnäpperken, nach dem man sich behaglich schüttelt. Dazu passt, dass der Schnaps vom niederdeutschen *schnappen* und *schnauben* kommt. Beim Picheln sehen die Sprachgelehrten doppelt. Picheln kann vom Pegel geborgt sein, der Wasserstandsmarke, im übertragenen Sinne der Marke am Glas. Womöglich kommt es eher vom obersächsischen *bicheln*, reichlich Bier trinken. Wo man feuchtfröhlich feierte, gab es zwischendurch auch eine Keilerei. Das besangen namenlose Berliner Volkskomiker sehr bildhaft, zum Beispiel im Lied über Zickenschulzes Hochzeit in Bernau: „Und ick dachte, haut euch man, ick fang jetzt zu picheln an".

Feine Getränke, unfeine Worte

Et riecht hier so nach Obst, hat etwa eener 'ne weiche Birne? Wer so anzüglich kalauernd in die Runde fragt, ist ein unverschämtes Früchtchen, echt berlinisch: ausverschämt. Er stänkert hundsgemein. Dagegen sind das Vergackeiern, durch den Kakao ziehen, das Anpflaumen, das

Veräppeln, das Verkohlen und dergleichen harmlose Neckereien. Wer aber jemandem eine weiche Birne attestiert, hält ihn für plemplem, für bescheuert, für bekloppt. Kinder ärgern sich gegenseitig: Ich seh's an deiner Stirne, du hast 'ne weiche Birne.
Berliner Pflanzen schmeißen gern mit Essbarem, wenn sie jemanden veralbern. Alle diese Begriffe muss man auseinander posamentieren, gewissermaßen die Fäden der üppigen Posamentenstickerei entwirren. Dann merkt man, dass sie es in sich haben. Unter vergackeiern kann man sich ja noch etwas vorstellen. Die Metapher erinnert an ein Huhn, das großartig gackert, obwohl es gar kein Ei gelegt hat. Es ist auch klar, dass in der bösartigeren Verhohnepiepelung der reine Hohn sitzt.
Doch wie kann man jemanden necken, indem man ihn durch den Kakao zieht? Au watte, das feine Schokoladengetränk muss, wer hätte es gedacht, als euphemistische Umschreibung für das janz jemeine Wort Kacke herhalten. Mehr steckt nicht dahinter, is ja ooch jenuch. Verhüllend sagt man aber auch Scheibenkleister oder Scheibenhonig, um das ordinäre Wort Scheiße zu vermeiden. Nur durchgehechelt wird pflanzlich. Das tun Lästerzungen in Abwesenheit ihrer Opfer. Durchhecheln kommt vom Hechel, einem Gerät mit scharfen Zinken, durch das Hanf und Flachs gezogen wurden, um die spinnbare Faser vom Abfall zu trennen.
Das Anpflaumen hat nun wieder nichts mit der Pflaume zu tun, sondern mit den Flaumfedern, die man ursprünglich mit pf schrieb (althochdeutsch *pfluma*, lateinisch *pluma*). So harmlos es klingt, so grausam ist das Bild. Na, ick danke, dis Flaumen (Daunenrupfen) beim lebendijen Federvieh war doch Tierquälerei. Verkohlen hat weder etwas mit Kohlgemüse noch mit Kohlen zu tun, allerdings spielt die schwarze Farbe eine Rolle. Die Wurzel ist das

hebräische Wort *kol*; es bedeutet Schall, Rede, Gerücht. Kol wanderte als *kalo* ins Rotwelsch und bekam dort die Bedeutung von schwarz als Sinnbild für betrügerisch.
Ob nun das Veräppeln von den faulen Äpfeln herrührt, mit denen das Publikum einst Schauspieler zur Strafe für schlechte Aufführungen beworfen hat, oder ob der jiddische *ewil*, der Narr oder Teufel, Pate stand, wird man wohl bis Flaumfingsten nicht enträtseln, also nie. Korrekt heißt es aber Pflaumenpfingsten. Doch der Berliner hält nun mal nichts vom pf. Flaumfingsten, wenn die Äppel reifen, scherzt man, wenn man sich ziemlich sicher ist, dass alles Warten vergeblich ist.
Wer keinen Mumm hat und sich nichts zutraut, is 'ne olle Flaume oder 'n Flaumenaujust, ein weichlicher Typ, bisschen feige. Bei dieser (P)Flaume drängt sich der Vergleich mit den Flaumfedern auf – oder mit dem halbweich gekochten Ei, dem flaumweichen, das hochdeutsch ein pflaumenweiches ist. Ach, es ist direkt närrisch mit den Pflaumen und dem Flaum.

Wir brauchen keenen Keenig nich

Ganz so dick kann die Hornhaut ums Gemüt der Berliner nicht sein. Immer blitzen rebellischer Witz und Ironie auf. Schon vor mindestens 200 Jahren wurde dieses Grundgefühl verinnerlicht. Ach was, schon seit dem „Berliner Unwillen" von anno 1448. Damals setzten die Bürger dem Kurfürsten, der ihnen die Stadtfreiheit nahm, die Baustelle des Schlosses unter Wasser. Der Berliner zweifelt nicht nur, er wehrt sich auch. Wie kann man denn lammfromm allet glooben? Wer 't gloobt, wird selich! Die Schnauze kann ganz schön subversiv sein.
Der junge Theodor Fontane schrieb ein Gedicht (Berliner

Republikaner) über Gassenjungen in der Zeit der Revolution von 1848, die lauthals riefen, sie brauchten keinen König mehr. Und wie reagierte einer von ihnen, als ihn der Gendarm in seiner ganzen Machtvollkommenheit zu fassen kriegte? Gewitzt trotzte das Kerlchen der Obrigkeit: „Doch der Berliner comme-il-faut / Erwidert: Hab er sich nich so. / Un lass Er sich bejraben! / Wozu denn jleich so ängstiglich? / Wir brauchen keenen Keenig nich, / Weil wir all eenen haben“. Der Maler Max Liebermann spottete über die Großmannssucht Seiner Majestät. Die blendend weiße Marmorparade der brandenburgischen Fürsten, die Kaiser Wilhelm II. an der Siegesallee im Tiergarten aufstellen ließ, kommentierte er so: „Ick hab ma ‘ne Schneebrille jekooft, damit ick jesund durchn Tierjarten komme“.
Wenn ihm aber nach Poesie zumute war, reimte der Volksmund Unsterbliches: Vis à vis – is besser als dichte bi. Jedenfalls – is der Kopp dicker als der Hals. Kein Klassiker war vor der Parodie sicher. So wurde die Schiller-Ballade „Die Kraniche des Ibikus“ umgedichtet: „Sieh da, sieh da, Timotheus, die Olle fällt vom Omnibus“. Wahlweise: „Timo, Timo, sieh da zius, die Ibiche des Kranikus!“ Auch Schillers „Ring des Polykrates“ musste dran glauben: „Er stand auf seines Daches Esse und schaute mit vajnüchter Fresse uff zehn belechte Brötchen hin. Dies alles is mir viel zu wenich, begann er zu Ägyptens Könich, jesteh, dass ick ‘n Vielfraß bin“.
Jede Zeit hat ihre Witze, die vom Lebensgefühl zeugen. Nach dem Ersten Weltkrieg erfanden die Berliner Herrn Raffke, den neureichen, ungebildeten Schieber, über den viele Witze kursierten. In der zerbombten Stadt nach dem Zweiten Weltkrieg bekamen auch Stadtteile ihre Witznamen verpasst wie Klamottenburg (Charlottenburg). Gerührt – jerührt wie Appelmus – taufte man die Flugzeuge der Westallierten Luftbrücke während der sowjetischen

Blockade der Westsektoren Berlins 1948/49 Rosinenbomber. In den Wiederaufbaujahren wurden ersehnte Neubauten mit Spitznamen gefeiert. So kam im Westen die Philharmonie zu ihrem Namen Zirkus Karajani (nach dem Chefdirigenten Herbert von Karajan). Der Palast der Republik im Osten hieß Palazzo Prozzo, aber der verkam im Wende-Witz zum Ballast der Republik.

Knille mit Freilauf

Schräge Typen sind dem Berliner immer willkommen. Einfallsreich, frech, witzig, lebhaft sollen sie sein – genau wie er! Darauf ein altes Weltstadt-Lied: Du bist varrickt mein Kind, du jehst nach Berlin. Wo die Varrickten sind, da jehörste hin. Hier war nicht nur zu Mauer-Zeiten das Unnormale normal. Hier heißt es immer noch, dass man in die Luft schießen kann und ein Fisch vom Himmel fällt. Varrickt wird toleriert, bedächtig handeln weniger. Wehe, einer bewegt sich so langsam, dass eine Schnecke gegen ihn ein wildes Tier ist. So einer kommt ewig nich aus'n Mustopp. Der is plemplem, hat 'ne Knille mit Freilauf oder ist gar mit dem Klammerbeutel gepudert. Früher jehörte sowat nach Dalldorf, inne Klappsmühle.
Solche Leute waren dem Berliner im Gegensatz zu wirklich geistig Behinderten schon immer unwichtig, gleichgültig, schnuppe, pomade. Bitte nicht an Haarpomade denken, die keinen Sinn ergäbe. Hier kommt pomade vom polnischen *pomalu* (langsam). Allerdings ist pomade fast so abgestorben wie *manoli* (verrückt, nich janz dicht). Manoli geht auf das Jahr 1890 zurück und hat mit der damals beeindruckend raffiniert flimmernden Lichtreklame für die Zigarettenmarke Manoli zu tun. Nacheinander aufleuchtende Glühbirnen täuschten eine kreisende Bewegung vor. Auf

diese Art und Weise deutet man ja auch mit der Hand vor der Stirn an, dass einer nicht richtig im Kopf sei. Kurz und bündig sagt man heutzutage: Der hat 'n Rad ab.
Andere Wörter für verrückt rühren vom Knall oder Schlag auf den Kopf her, von dem man einen Dachschaden bekommt. Plemplem ist nur eine berlinisch doppelt gemoppelte Lautmalerei. Wenn einer 'n Knall hat oder 'ne Knille (auch Knülle), kommt das sprachlich von knallen im Sinne von schlagen. Ick knall dir gleich eene! Das ist die Drohung mit einer Ohrfeige. Wie schlimm die Knille ist, wird mit einem Verstärker ausgedrückt: Knille mit Freilauf.
Kinder nee, wie kann man bloß so langweilig, unbeteiligt, starr und stumm sein wie 'n Öljötze. Der steht da wie anjewurzelt, wie 'n Öljötze! Kein Respekt vor der Bibel aber auch. Der Ölgötze geht auf das Matthäus-Evangelium zurück. Die Szene im Garten Gethsemane, als die Jünger schliefen und Jesus betete, war seit dem 15. Jahrhundert ein beliebtes Motiv der Kirchenmalerei. Ölberg-Götzen nannte der Volksmund bald wenig ehrfürchtig die schlafenden Jünger auf den Gemälden.
In der Klappsmühle klappert es niederdeutsch. Das kommt von *klappen*, einem veralteten Verb für knallen und klatschen. Dalldorf klingt aber nur ein bisschen verrückt. Es wurde 1322 als Daldorp (Taldorf) erstmals urkundlich erwähnt. 1905 wurde das Dorf nach dem Ortsvorsteher Peter Witte in Wittenau umbenannt, und seit der Eingemeindung 1920 ist es ein Ortsteil des Berliner Bezirks Reinickendorf. Schon 1877 bis 1880, als Berlin aus den Nähten platzte, baute sich die Stadt dort ihre „Städtische Irrenanstalt zu Dalldorf". Zu West-Berliner Zeiten erhielt sie den Namen Karl-Bonhoeffer-Nervenklinik – und den amerikanisierten Spitznamen Bonnies Ranch.

Typisch Berlin

Et muss ja nich immer bis inne Puppen jehn

Heute Abend werden wir nicht alt. Et muss ja nich immer bis inne Puppen jehn, morjen is ooch noch 'n Tach, sagt der Berliner, wenn er ausnahmsweise zeitig zur Ruhe kommen will. Hier wird nun mal nicht nur gearbeitet oder in der Politik getagt bis in die Puppen, man findet auch beim Feiern kein Ende. Arbeitstiere und Amüsierwurzeln, die davon ganz down sind, brauchen ab und zu ihren Schlaf bis in die Puppen. Nur was es im Zusammenhang mit einer langen Nacht mit den Puppen auf sich hat, ist den meisten schleierhaft. Es sei denn, man lässt die Puppen tanzen. Aber das Sprachbild vom protzenden Amüsement, bei dem die Seide nicht mehr von der Halbseide zu unterscheiden ist, passt hier nicht.

Viele Begriffe und Sinnbilder erfahren im Laufe der Zeit einen Bedeutungswandel. Bis inne Puppen: Gräbt man in der Stadtgeschichte, lässt sich der Sinn dieser Redewendung leicht herausschälen. Ursprünglich tat man nicht etwas bis in die Puppen, sondern man lief bis in die Puppen. Damit sind wir beim verpuppten Kern dieser typischen Berliner Redensart. Sie führt uns in die Zeit zurück, als sich der Tiergarten vor den Toren der Stadt vom kurfürstlichen Jagdrevier zum Park mauserte. Aber das ist schon so lange her, dass der Berliner witzeln darf: Da war ja der olle Fritz noch Jefreiter. Nein, noch länger ist das her.

Zunächst zum Großvater von Friedrich II.: Um 1700 ließ Kurfürst Friedrich III., seit 1701 König Friedrich I., dort, wo der Tiergarten ist, Waldschneisen ausholzen. Eine Allee wurde angelegt – zum Schlösschen Lietzenburg (Schloss Charlottenburg), das er der gebildeten Gemahlin Sophie Charlotte, einer Hannoveranerin, spendiert hatte. Das war der Ursprung des Großen Sterns mit den strahlenförmig angelegten Straßen. Um 1750 ließ dort König Friedrich II., der Enkel Friedrichs I., nach französischem Vorbild Statuen aus der antiken Mythologie aufstellen. Der Volksmund nannte die Standbilder despektierlich die Puppen. Natürlich wurden sie bestaunt, doch Bewunderung ohne eine Portion Spott war den Berlinern noch nie eigen. Nun ist es schon vom Brandenburger Tor bis zum Großen Stern ein recht langer Spaziergang, und die Puppen standen ziemlich weit weg von der Mitte der Stadt. Folglich musste man bis inne Puppen loofen.

Auch die später im Tiergarten platzierten Denkmäler für Dichter und Denker, Feldherren und Fürstlichkeiten zu Ehren von Preußens Gloria nannte man respektlos Puppen. Die Siegesallee (Straße des 17. Juni), an der Kaiser Wilhelm II. alle brandenburgischen Markgrafen seit Albrecht dem Bären und die Kurfürsten in Marmor paradieren ließ, nannten die Berliner später Puppenallee. Die Siegessäule aber wurde 1873 zur Erinnerung an die Reichseinigungskriege auf dem Königsplatz (Platz der Republik vor dem Reichstag) aufgestellt. 1938 ließ sie Hitler an den Großen Stern umquartieren. Dort glänzt sie als ein Wahrzeichen Berlins. Die vergoldete Siegesgöttin war natürlich nie eine veralberte Puppe, sondern bekam im ungeheuren Nationalstolz nach der Reichsgründung den Namen Goldelse. Und so wird sie auch heute genannt, aber nur noch harmlos liebevoll.

Voll krass und urst toll: Die Penne ist aus.

Der Nachwuchs lässt seine eigene, von Anglizismen und Amerikanismen beeinflusste Sprachfantasie spielen. Yeah, yeah, man! Einerseits finden es die Kids voll krass und urst spät, dass es erst heute Ferien gibt. Andererseits ist es urst toll und voll krass, dass man endlich chillen, also ausruhen und faulenzen, kann. Voll krass ist der Modeausdruck für extrem, egal, ob im Sinne von schlimm oder großartig. Urst sagt auch nichts anderes aus, nur dass die Herkunft dieses Wortes, das schon fast wieder out ist, ein Rätsel ist. Urst – lang gesprochen wie uurst – kam Anfang der Sechzigerjahre in Ost-Berlin auf, nur wenige Westler schnappten es auf. So sagte mir eine West-Berlinerin, der Nachwuchs der Verwandtschaft in Reinickendorf und Spandau habe ihr damals auch schon damit in den Ohren gelegen.
Manche Bilder der Jugendsprache sind schnell da und wieder fort; verbale Schmetterlinge, die aber auch durchaus typische Berlinismen enthalten, nur wurden etliche einfach umfunktioniert. Das Dienstmädchen, die Perle im Haushalt, ist so gut wie ausgestorben. Dank der halbwüchsigen Jungen ist die Perle als Freundin wieder auferstanden. Als die Uropas Otto und Arthur noch Pennäler waren, war Arthur der Atze. Inzwischen ist mein oder meine Atze alles Mögliche – Bruder, Schwester, Kumpel, vertraute Freundin. Faulpelze mögen in der Penne alles verpennen und dann mit Pauken und Trompeten sitzen bleiben. Trotzdem haben Penne und pennen, die so hübsch zusammenpassen, sprachlich nichts gemein. Die Penne rührt von der lateinischen *penna* her, was eine Schreibfeder ist. Und im Mittellateinischen steht *pennale* für einen Schreibfederkasten. Im 17. Jahrhundert drangen penna und pennale als Spott auf die angehenden Studiker, die immer ihre Federbüchse bei sich trugen, in die Studentensprache ein. 200 Jahre später

waren sie Bestandteil der Schülersprache. Gymnasiasten waren früher stolze Pennäler, heute nicht mehr. Jede Schule ist nun eine Penne. Wer pennt, der schläft. Doch als Ursprung von pennen wird das hebräische Wort *pinnah* (Winkel, Ecke) angenommen. In so einem geschützten Winkel im Freien schlugen Landstreicher ihr Nachtquartier auf wie heute Obdachlose und Straßenkinder. Deshalb spricht man abfällig von Pennern.
Von der Pauke, dem Schlaginstrument, ist der ewige Spitzname Pauker für den Lehrer entlehnt. Einst prügelte er dauernd, dieser Steißtrommler. Er paukte auf den Hosenboden. Davon gab es blaue Flecke, weshalb man ja auch vom Einbläuen des Lehrstoffs spricht. Die tierische Klaue wurde schon im 16. Jahrhundert auf den Menschen übertragen. Mit der Sauklaue wird gekliert. Das kommt vom norddeutschen *Klater* für Schmutz und Geschmiertes, und damit ist die Kladde verwandt. Das Ergebnis ist Geschmadder (niederdeutsch *schmaddern* für schmieren) oder – französisch gelackt – die Schmierage. Wat haste da bloß wieder zusammenjekliert! Dis schreibste noch mal! In Schönschrift etwa? Denkste. Unsere Sebastians, Fabians und Davids nennen ihre Schulhefte janz cool Kladden.

Und Maria war mächtich jerührt

Den lieben Gott tragen die Berliner immerfort auf der Zunge. In der Variationsbreite spiegeln sich alle Gemütslagen. Sie reicht vom mitleidigen: Ach Jottchen nee!, gerührten: Jotte doch! und amüsierten: Is ja jottvoll! bis zum abwehrenden: Um Jottes Willen! und ungehaltenen: Jehn Se mit Jott, aba jehn Se! Im jottverdammten Elend jehts einem jottserbärmlich. Aber Gott sei Dank haben wir es besser. Von Gottesfurcht oder auch nur Respekt vor der

Kirche zeugen solche Redewendungen nicht, was aber nicht heißt, dass man areligiös ist, natürlich nicht.
Nach einer Anekdote war Berlin für Konrad Adenauer, der als Kölner Oberbürgermeister von 1921 bis 1933 Präsident des Preußischen Staatsrates war und daher oft hier zu tun hatte, eine heidnische Stadt. Er war ja auch durch und durch rheinischer Katholik, und die standen gar nicht gern unter Preußens Fuchtel. Die protestantischen Berliner wiederum hatten mit ihrer katholischen Minderheit nicht viel am Hut, bei aller sprichwörtlichen Toleranz. Der Schlesische Bahnhof (Ostbahnhof) hieß im Volksmund der Katholsche Bahnhof. Von einem Heuchler sagte man: Det is 'n falsches Aas, der kiekt schon so schlesisch. Wahlweise: Die kiekt schon so katholsch.
Doch Jott sei's jetrommelt und jepfiffen, Konfessionen und überhaupt Religionen spielen keine Rolle mehr im Umgang miteinander. Und die Weihnachtsgeschichte auf Berlinisch war sowieso immer für alle da. Man erzählte sie sich zu allen Zeiten so, wie einem der Schnabel gewachsen war. Nehmen wir ein Originalzitat aus dem Berliner Weihnachtsspiel von anno 1589, das ich bei Peter Schlobinski („Berlinisch für Berliner") fand: „Watt mutt datt vor en wunger sin! / Die allene erheltt all dingk, / Is man worden en klen kindeken / Undt soll liggen in Krippeken". Es ist doch ein hübsches Beispiel dafür, wie sich vor ein paar Jahrhunderten das niederdeutsche Platt angehört hat.
Gewiss doch, die Weihnachtsgeschichte wurde auch über den Leisten des flachesten Stadtjargons im 19. und 20. Jahrhundert gezogen. Und das klingt so: ... Und wie se da anjekomm sind, wart soweit, det se sollte wat Kleenet kriejen. Und so bekam se denn 'n Sohn, wickelte den und packte ihn im Stall inne Krippe, weil woanders keen Platz nich war. Janz inne Nähe warn nu Hirten, die inne Nacht for de

Schafe uffjepasst ham. Und kiek ma an, da tauchte mit eenmal Jottes Engel uff, und justemang wart tachhell, und da krichten se't mit de Angst. Aba der Engel sachte: Nu ma keene Bange nich. Wat ick zu saren habe, lässt bei Euch und andre jroße Freude uffkomm. In Davidn seine Stadt is heute eener jeborn, den nenn se Jesus, und det is 'n janz Besondrer. Den erkennta daran, det er jewickelt inne Krippe liecht ... Wie die Engels denn wieda wegjefloren sind, sachte een Hirte zu die andern: Kommt, wir wolln mal kieken jehn, ob det ooch stimmt, wat se uns da erzehlt ham. Se sind ooch gleich losjeloofen, trafen ooch uff Marian und Josefn und det Kleene, wat unjeloren inne Krippe lach. Und wie se det jesehn ham, da ham se't ooch weitajesacht, wat se von det Kind jehört ham, und alle ham sich bloß jewundert. Und Maria war mächtich jerührt und hat müssen ville drüba jrübeln ...

Fannkuchen mit und ohne Beene

Berlin ist im Vergleich zum Rest der Welt Spitze, davon ist der richtige Berliner überzeugt und winkt ab: Kenn ick, weeß ick, war ick schon! Der Rest der Welt hat sogar kapiert, was ein echter Pfannkuchen ist: ein Berliner. Anderswo ist der Pfannkuchen ein Eierkuchen von der Pfanne, der heißt bei uns einfach nur Eierkuchen, basta. Der wahre Pfannkuchen is janz wat andret und heißt überall sonst Berliner. Echt Berlinisch isses ein Fannkuchen, das pf spricht sich nicht. Ob man ihn mag oder nicht, zu Silvester muss er sein. Ohne ihn kein Neujahrsprosit, obwohl die Kombination mit Sekt scheußlich ist.

Er hat bei uns wirklich eine lange Tradition, der Pfannkuchen. Vom Freiherrn vom Stein, dem preußischen Verwaltungsreformer, ist verbürgt, dass er anno 1814 einen

Brief bei Kaffee und Pfannkuchen geschrieben hat. Der wahre Pfannkuchen soll überhaupt 1758 in Potsdam erfunden und sogleich königlich geadelt worden sein. Mehr als eine Anekdote ist das zwar nicht, aber immerhin. Also die Anekdote besagt, dass ein Kanonier Friedrichs des Großen, ein Zuckerbäcker, zu seinem Leidwesen mit dem Auftrag in die Küche abkommandiert wurde, sich ein neues Tafelgebäck auszudenken. Missmutig schmiss er Hefeteig ins siedende Fett einer tiefen Pfanne, und siehe da, es wurde ein wunderschöner runder Pfannkuchen.

Natürlich beißt sich die stolze Preußen-Anekdote mit der habsburgischen Konkurrenz, was die Berliner Bäckerinnung gar nicht verschweigen will. Die Erfindung wird nämlich auch einer Wiener Bäckersfrau namens Cäcilie Krapfen zugeschrieben. Daher heißt der klebrige Hefeball dort Krapfen und – nach dem Vornamen der tüchtigen Meisterin – Cilli-Kugel. Macht nichts, der Pfannkuchen wurde, sagen wir von Berlin aus, populär. Zum Jahreswechsel und Karneval hat er Hochkonjunktur, die Geschäfte der Bäckereien und Konditoreien florieren.

Früher war der Pfannkuchen Schmalzgebackenes. Doch Schmalz kann man nur bis zu 140 Grad erhitzen. Damit zieht für den heutigen Geschmack zu viel Fett in den feinen Hefeteig ein. So schwer, weiß die Branche, soll der Pfannkuchen nicht mehr sein. Also nimmt man jetze Pflanzenfett zum Sieden. Da haben wirs, jetze statt jetzt sagen Ost-Berliner, aber erst seit Mauerzeiten. Aus welcher Gegend das Wort kam, weiß kein Mensch. Doch das nur nebenbei. Mehl, Milch, Hefe, Eier, Butter oder Margarine, etwas Malz, Zucker und Salz gehören in den Pfannkuchen-Teig, der kräftig geschlagen wird. Dann werden Bällchen geformt, mit Konfitüre gefüllt und nach dem Ausbacken dick mit Zuckerguss übergossen oder in Streuzucker gewälzt. Das alles kann man bei der Bäckerinnung hören

und auch dies: Je lockerer, umso schöner der helle Ring um den Pfannkuchen; er bürgt für Qualität.
Da dem Berliner nichts heilig ist, muss auch der Pfannkuchen für schmähliche Vergleiche herhalten. Manch eene, die nich uff ihre Fijur achtet, jeht uff wie'n Hefekloß und looft denn als Fannkuchen mit Beene rum. Doch ab und zu muss man sich diesen Genuss gönnen, auch wenns klebt und kleckert. Und wenn se erst jekooft sind, bloß nüscht umkommen lassen. Die alten Biester schmecken nich mehr, die sind bloß noch trocken und krepelich.

Nu aber ran anne Buletten

Nu aber ran anne Buletten! So redt der Berliner, wenn er sich entschlossen etwas vornimmt. Lass doch det Kind die Bulette, et isst se ja nich uff, scherzt man und deutet damit an, dass man auch mal nachsichtig ein Auge zudrückt. Das quengelnde Kind bekommt seinen Willen, der kleine Ko-

alitionspartner seine Spielwiese, alles Buletten. Selbst ein Flusspferd im Zoo hieß Bulette. Sie gehört eben zu unseren Grundnahrungsmitteln, die allseits beliebte und bespöttelte verzauberte Schrippe.
Der Duden hat die Bulette eingedeutscht wie vieles auf unserem Küchenzettel, das aus dem Französischen kommt – ob Grieben (*gribelettes*), Kotelett, Haschee, Frikassee, Püree, Soße, Roulade, Remoulade, Filet oder Omelett. „Ach wat, ob mit ou oder mit u, die is, wie man se schreibt, mal so, mal so“, sagte mir ein führender Kopf der Fleischerinnung über die Bulette. Und dafür lautet die Faustregel: Zweidrittel Gehacktes, der Rest Schrippe, Zwiebeln, Ei, Pfeffer, Salz. Jede Hausfrau weiß, wie man das Rezept verfeinern kann. Wer ein paar Groschen mehr ausgibt, nimmt, berlinisch gesagt, halb Schabefleisch, halb Hackepeter (halb Rindshack, halb Schweinshack) und spart dafür an der Schrippe. Denn wenn erst der Bäcker siegt, hat man lauter Kampfbrötchen oder gar Zuchthauspasteten auf der Pfanne.
Schon die Hugenotten sollen die Boulette (Fleischkügelchen) mitgebracht haben. Doch richtig populär wurde sie erst um die Wende zum 20. Jahrhundert, genauso wie andere deftige und stramm gewürzte Berliner Gerichte, die alle mit Kartoffeln und Sauerkohl genossen wurden – ob Eisbein, Blutwurst oder Leberwurst, das Eisbein obendrein mit Erbspüree. Is ja wurscht. Damals wurde anständich wat vadrückt. Und selbst dabei wurde die Sprachfantasie der kleinen Leute angeregt. Rache is Blutwurscht, und die Leberwurscht is Zeuje. Wer so etwas zu hören bekommt, hat schon verloren, wenn er die beleidichte Leberwurscht spielt. Wer aber Eisbeene hat, der hat nur kalte Füße.
Die Frikadelle und der Bratklops sind auch bloß Buletten. Nur ist die Frikadelle sprachlich italienischer Herkunft, und der Klops kommt von klopfen (niederdeutsch *klop-*

pen). Ihren Siegeszug um die Welt aber trat die Bulette in der Variante als Hamburger (zwischen zwei Brötchenhälften) auf dem Umweg nach Amerika an. Dort wurde sie vermutlich von Hamburger Auswanderern populär gemacht. In Berlin war die Bulette selbst für ein politisches Geplänkel mit Esprit gut genug. Das lieferten sich 1981 Helmut Schmidt (SPD) und der damalige Regierende Bürgermeister Richard von Weizsäcker (CDU) beim Schmidt'schen Kanzlerfest in der Deutschen Oper, sehr zum Amüsement der Gäste. Schmidt-Schnauze aus Hamburg war Monate zuvor im Berliner Wahlkampf für den aus Bonn zugezogenen Weizsäcker der Titel Berliner Klops herausgerutscht. Weizsäcker nannte den Kanzler daraufhin doppeldeutig einen Hamburger. Eingeborene Berliner wie du und ich ulken drastischer. Ick sitz am Tisch und esse Klops. Uff eenmal kloppts. Ick kieke, staune, wunder mir. Uff eenmal jet se uff, de Tür. Nanu, denk ick, ick denk, nanu. Jetzt isse uff, erst war se zu. Ick jeh raus und kieke. Wer steht draußen? Icke!

Schrippe, Stulle und Stolle

Nein, der Berliner lässt sich seine Schrippen und Stullen nicht nehmen (und den Sonnabend nicht zum Samstag umfunktionieren). Da können sich die Zujereisten Kopp stellen, an unseren Identitätsmerkmalen halten wir fest. Hier kauft man keine Brötchen, hier geht man schnell mal nach Schrippen. Nach dem Fall der Mauer schärfte die Einheitsdebatte sogar den Blick für die Qualität derselben, und schon stand der erste Disput unter lange getrennten Brüdern und Schwestern auf der Tagesordnung. Auf der einen Seite die Ostschrippe – kleen, aber oho, weil ordentlich fest. Auf der anderen Seite die luftige, uffjeblasene

Westschrippe, die nach mehr aussieht als se is. Doch das nur nebenbei. Auf dem Weg zur inneren Einheit liegen viel kompliziertere Probleme.
Seit mehr als 200 Jahren hat die Schrippe ihre märkisch-berlinische Tradition, laut Küppers „Wörterbuch der deutschen Umgangssprache". Das kommt auch nach Aussagen der Bäckerinnung hin. Die Innung kann zwar mit keinem Datum dienen, dafür aber mit dem Hinweis auf die Verbesserung der Mühlentechnik im 18. Jahrhundert. Damit kam das Weißgebäck für jedermann in Mode. Vorher war feines weißes Mehl so knapp und teuer, dass es sich nur Reiche für ihre fürstlichen Tafeln leisten konnten. Dazu passt denn auch der Name Schusterjungs für die dunklen Roggenbrötchen, die wir heute allerdings sehr schätzen.
Die charakteristische Form der Schrippe mit der eingekerbten Kruste auf der Oberseite muss ein vergessener Bäcker erfunden haben. Das Wort kommt vom frühneuhochdeutschen *schripfen* für ritzen, kratzen, aufreißen. Das triffts doch, nicht wahr. Ob blond, ob braun, also hell oder scharf gebacken, ist Geschmackssache. Hauptsache, duftend frisch und knackig, wie sie sein müssen, sind die Schrippen.
Pech für nicht mehr ganz knusprige Frauen, dass die Schrippe weiblich ist. Der spottlustige Berliner nennt eine in die Jahre gekommene und obendrein nicht gerade liebenswürdige Frau glatt 'ne olle Schrippe. Lässt sich die Frau die Haare aufblondieren, ist sie 'ne blonde Schrippe. Und mit einem imponierenden neuen Lover an der Seite ist sie gleich 'ne scharfe Schrippe. Die Bäckerinnung aber spricht traditionsbewusst von der „Berliner Schrippe". Dabei sind die Zutaten die gleichen wie beim Brötchen und beim Hamburger Rundstück: Weizenmehl, Wasser, Hefe, Salz und etwas Malz; die Semmel enthält eventuell noch Fett. Fast verschwunden sind in Berlin dagegen die wei-

cheren, länglichen Knüppel, die halb Wasser, halb Milch enthalten.
Urmärkisch-berlinisch ist auch die Stulle. Das Wort soll schon im Mittelalter mit den flämischen Siedlern eingewandert sein. Gemeint war ursprünglich ein derbes Stück Brot, hergeleitet vom niederländischen Wort *stul* für Brocken oder Torfstück. Als Brotschnitte setzte sich die Stulle – der Berliner sagt Schtulle – im 18. Jahrhundert durch. Sie hat wiederum nichts mit der Weihnachtsstolle zu tun. Die hat nämlich ihren Namen von dem mittelhochdeutschen Begriff *stolle* für Stütze, Pfosten, wie er im Bergwerkstollen fortlebt. Und die Christstolle soll ja auch eine alte Erfindung der Bergleute im Erzgebirge sein.

Pech für München: Bockwurst aus Kreuzberg

Manche Berliner Spezialität stammt aus der Provinz-Küche, wurde aber hier populär gemacht, als sich die Stadt zum Magneten entwickelt hat. Die zugezogenen kleinen Leute verlangten in den Gaststätten und Kneipen Deftiges, wenn sie sich mal einen Ausflug oder einen schönen Abend leisteten. „Jut jewürzt und ooch mit 'ne Träne Fett", wie mir jemand von der Fleischerinnung auf echt Berlinisch aus der Historie erläuterte: „Wenn se denn erst feucht-fröhlich warn, na, denn krichtense ooch orntlich App'tit".
Ein Fleischermeister Cassel in der Potsdamer Straße (Schöneberg) soll den leicht geräucherten und gepökelten Kassler-Braten vom Schwein kreiert haben. Die Bockwurst ist dagegen keine Berliner Erfindung. Nur ihr Ruhm wurde einst im aufstrebenden Berlin begründet. Dieses Verdienst kommt jedoch keinem Meister Bock zu, sondern Herrn Scholtz, Bockwurst-Scholtz in Berlin-Kreuzberg. Der Mann war Kneipenwirt. Er hatte sein Lokal 1889 in der Skalitzer

Straße 46 b eröffnet und sich dort mit der Bockwurst einen Namen gemacht. Pech für München, wo sie schon länger zum Bockbier um Fronleichnam geschmeckt haben soll. Der geschäftstüchtige Berliner Budiker Richard Scholtz war zuvor Bufettier in Gartenlokalen. In der eigenen Kneipe wollte er seinen Gästen etwas Neues bieten, und auch etwas Warmes. Die knackige Wurst aus frischem Schweine- und gepökeltem Rindfleisch mit Knoblauch, Paprika und Muskatblüte bezog er vom Schlächtermeister Löwenthal in der Friedrich-, Ecke Krausenstraße, Berlin-Mitte. Du lieber Himmel, Scholtz servierte die Wurst zum Sattwerden mit Sauerkohl und einem Schlag Soße. Wir kennen sie nur noch mit Kartoffelsalat oder Schrippe, notfalls mit Stulle. Nach unserer lokalpatriotischen Version wurde die Löwenthalsche Wurst überhaupt Bockwurst getauft, weil Studenten sie erstmals in der Scholtzschen Kneipe zum Bockbier verzehrt haben sollen. Ein Foto belegte immerhin, dass über dem Tresen in diesem Lokal ein beziehungsreiches Ölbild hing. Darauf waren zwei Steinböcke zu sehen, die über einen Bach hinweg an einer strammen Wurst zerrten.

Gewiss doch, die Bockwurst hat ihren Namen vom Bockbier. Dieses Bier hat wiederum nichts mit Böcken zu tun, sondern mit der niedersächsischen Stadt Einbeck. Im Spätmittelalter war Einbeck für sein Starkbier berühmt, dessen Export seit 1351 nachgewiesen ist. Später wurden die Bayern die führenden Bierbrauer. Im 19. Jahrhundert nannten sie ihr Starkbier Oambock – nach dem Vorbild von Einbeck. Kurzum, daraus wurde das Bockbier.

Und ist die Curry-Wurst auch heutzutage noch so schön, der Glanz der Berliner Bockwurst ist keineswegs verblasst. Meine Freundin Ute aus Berlin-Wilmersdorf, die seit Jahrzehnten Amerikanerin ist, kommt bei keinem Besuch ihrer Heimatstadt ohne „'ne Bockwurscht mit Mostrich" am

Stand aus. Und wenn sie so mit Lust hineinbeißt, dann denke ich jedes Mal, wie isses nu bloß möglich. Sie könnte direkt für die Bockwurst Reklame stehen.

Urberlinisch ist die Weiße

Die Weiße ist wohl die urberlinischste unserer Spezialitäten, mit und ohne Schuss aus grünem oder rotem Fruchtsirup – Himbeer oder Waldmeister. Du liebe Güte, anderswo wird auch Weizenbier gebraut. Aba det ist janz wat andret, übahaupt keen Vergleich. Die echte Berliner Weiße kann nur aus Berlin kommen. Das sagen auch die Brauereien, aber gewiss doch. Und hier hat sie ja wirklich seit Jahrhunderten Tradition.

Wallenstein, der kaiserliche Feldherr im Dreißigjährigen Krieg, geistert als prominentester Kronzeuge durch die Annalen. Es gehörte zu den 2.000 Talern Kontribution von den Brandenburgern, dass sich Wallenstein Berliner Weißbier in sein Quartier nach Cottbus schicken ließ. Damals schmeckte die Weiße gewiss noch anders als heute, doch das ist mit vielen Getränken und Speisen so. Sei's drum, Wallenstein schätzte die Weiße, so viel steht fest. Und warum? Weil sie ihm „den Leib offen" gehalten hat. Mit diesen Worten jedenfalls umschrieb der Feldherr die leicht abführende Wirkung, die er festgestellt haben muss.

Dagegen ist es nur eine Anekdote, dass napoleonische Soldaten 1806 bei der Besetzung der preußischen Residenzstadt Berlin so begeistert von der hiesigen Weißen waren, dass sie dafür ein charmantes Kompliment übrig hatten: Champagner des Nordens. Na ja, die Preußen prassten nicht, sie waren sparsam und bescheiden. Immerhin gab es bald die „Champagnerweiße". Das war der Name für die feinste Weißbier-Sorte, die keinerlei Hefe-Rückstände hatte. Lange Zeit hieß sie „eine vom eichnen Brett". Im 19. Jahrhundert blühte die Weißbierkultur in den Berliner Kneipen und Gartenlokalen. Und ein erfrischendes Sommergetränk ist sie geblieben.

Beliebt ist sie wie eh und je, die obergärige, leichte, säuerliche, fruchtige, süffige, mächtig schäumende Berliner Weiße. Der Alkoholgehalt ist minimal, und wegen des geringen Hopfengehalts schmeckt sie kein bisschen bitter. Na also: Seine Molle kann der Berliner das ganze Jahr über stemmen und zischen. Die Weiße trinkt er beinahe andächtig. Je heißer der Sommertag, umso größer das Verlangen, und umso erquickender ist sie ja auch. Die meisten lieben die Weiße traditionell „mit Schuss".

Wie man sie auch genießen konnte, wenn einem nach einem tüchtigen Schuss Alkohol war, ist in Heinrich Seidels Roman „Leberecht Hühnchen" von 1882 nachzulesen: mit „Strippe" oder mit „Luft". Puh, das war sicher Männersache. Die Strippe war ein Korn, die Luft war ein Pfefferminzschnaps oder Pfefferminzlikör. Inzwischen sind sie wieder in Mode, die dekorativen, überdimensionalen Weißbiergläser aus Pressglas, die so schön historisch aussehen. Neuerdings gibt es nun die Weiße sogar fix und fertig für zu Hause mit grünem oder rotem Schuss in Dosen. Na schön, das ist etwas für Leute, die es besonders bequem haben wollen. So ändern sich die Zeiten.

Weiß und Weizen stammen übrigens aus derselben germanischen Wortwurzel *wiz*. Doch das nur nebenbei. Die Weiße ist eben Weißbier auf echt Berlinisch. Da macht uns keena wat vor. Det wolln wa mal festhalten. Na denn, Prost!

Knorke is dreimal so dufte wie schnafte

Wo denkste hin, der Berliner meckert doch nicht immer. Er kann sogar – zugegeben, sehr selten – in Begeisterungsrufe ausbrechen. Unjelogen, det krichta prima hin, wie jeschmiert, direkt bonfortionös, eins a lobenswert, himmelblaue Seide. Die Liebste, die er sich anjelacht hat, is dufte, der gute Kumpel is knorke, der Ausflug schnafte, die anspruchsvolle Wohnung schnieke, der feine Anzug piekfein. Wat willste mehr? Obwohl es die Berliner heutzutage mit den Allerweltswörtern super!, klasse!, echt stark! oder gar total geil! halten, sind ihnen doch die alten farbigen Ausdrücke für etwas Tadelloses, Fabelhaftes ebenso vertraut. Das walte Hugo. Welcher Hugo? Na Hugo, der Gerechte. Diese Redensart zur Bekräftigung ist uns seit etwa 1920 vertraut. Sie soll im Unternehmen des Großindustriellen Hugo Stinnes geprägt worden sein.

Knorke is drei Mal so dufte wie schnafte, witzelt der Berliner. Nach dieser Werteskala muss knorke der Gipfel des Vorzüglichen sein. Nur die Herkunft dieser Vokabel, die nach 1900 aufkam, ist etwas umstritten. Claire Waldoff (1884 bis 1957), die allerberlinischste Diseuse, die aus Gelsenkirchen stammte, schilderte hierzu in ihren Erinnerungen („Weeßte noch...“) eine amüsante Episode, die sich um die Kaffee-Bestellung bei einer Theaterprobe drehte: „Ich sagte zu dem Kellner: Bringen Sie mir auch einen. Aber es darf keine Lorke sein! Der Kaffee muss ...; ich suchte verzweifelt nach einem Reim auf Lorke und brachte schließlich heraus: Der muss knorke sein!“

War der komische Ausdruck also eine spontane Wortschöpfung von Claire Waldoff? Das hat sie laut Küppers „Wörterbuch der deutschen Umgangssprache“ bestritten. Es ist gut möglich, dass ihr der Ausdruck bekannt war und dafür schon vorher jener Buletten-Verkäufer namens

Knorke mit seinem für heutige Ohren unspektakulären Werbespruch Pate gestanden hat: „Knorkes Buletten sind die besten". Oder der Varietékomiker Rudolf Melzer mit seiner Posse „Die Familie Knorke". Jedenfalls passt knorke mit der norddeutsch-märkischen Endsilbe -ke wunderbar ins Berlinische. Es klingt wie abgeleitet von knorrig im Sinne von kraftvoll, widerstandsfähig, zuverlässig, vital.
Über schnafte darf man ewig rätseln. Spätestens um 1910 war das Wort einfach da. Wie und woher, weiß man nicht, vergessen. Es heißt nur, dass es „dunkler Herkunft" sei. Wer nun dufte von Duft ableitet, is schief jewickelt. Dufte kommt vom jiddischen *tow* für gut. Die Assoziation an den Wohlgeruch hat die Berlinisierung im späten 19. Jahrhundert sicherlich begünstigt. Bonfortionös hat natürlich eine französische Wurzel, wenngleich man sich die Ableitung von *bonne fortune* (gutes Glück) oder von *bon* und *fort* (wörtlich gut und stark) aussuchen kann. Mit schnieke ist dagegen immer gepflegtes Aussehen gemeint. Schnieke bedeutet feingemacht, schick angezogen oder eingerichtet. Das kommt vom niederdeutschen *snicker* für hübsch, adrett, zierlich und munter.

Kräftig geschmiert

Alles ging wie geschmiert, aber diesmal für die Polizei. Obwohl einer Schmiere gestanden und „Polente!" signalisiert hatte, hatten die Verbrecher keine Chance mehr, sich aus dem Staube zu machen. Ein Ganove nach dem anderen wurde gefasst, in die Grüne Minna verfrachtet und ins Kittchen gebracht Heutzutage sitzt auch mancher Gauner im weißen Kragen, weil er kräftig geschmiert hat. Doch die eine Schmiere hat mit der anderen überhaupt nichts zu tun. Zwischen Schmiere stehen und schmieren (von Schmierfett als Synonym für Bestechung) gibt es nämlich sprachlich keine gemeinsame Wurzel. Wer Schmiere steht, hält Wache; das kommt von dem jiddischen Wort *schomre* (Hüter, Wächter). Schmieren sagt man dagegen schon seit dem 14. Jahrhundert für bestechen. Nur das dreckige Schmiergeld der Korruption ist neueren Datums. Das Kittchen wurde aus dem Deutschen ins Rotwelsch übernommen und zu einer Art Geheimwort für Gefängnis. Darin stecken das alte Wort Kitte für ein Haus, eine Herberge, schließlich eine Gefängniszelle und die Kute (Höhle, Loch) oder die Keuche (enge Stube, eine Haftzelle eben). Die Ganoven, die dort landen, wenn sie sich kriegen lassen, haben sprachlich ihren Ursprung im jiddischen *gannaw* (Dieb). Sie kamen ebenfalls im Rotwelschen als Landstreicher, Diebe und Verbrecher zu Ehren.

Wenn heutzutage die Bullen mit der Wanne anrücken, ist wieder einmal eine Demo in Randale ausgeartet, auf jeden Fall am 1. Mai, das hat Tradition seit den achtziger Jahren. Man kannte die Randale in West-Berlin aber schon seit 1967. Bullen sind stark, doch der Spottname Bullen für Polizisten ist keine Erfindung einer unruhigen Studentengeneration, sondern schon mindestens 100 Jahre alt. Polente (Polizei) ist ebenfalls typisch berlinisch, und das bereits seit etwa 1830. Vermutlich ist Polente eine Entstellung von Plempe. So hat man respektlos den baumelnden (plampenden) Säbel veralbert, mit dem einst die Polizisten bewaffnet waren.

Typisch berlinisch ist auch die Grüne Minna, ein wahrhaft wilhelminischer Name seit 1870. Die Polizeiwagen für den Transport Krimineller haben jetzt immer noch die dunkelgrüne Farbe. Und die Minna (von Wilhelmine) soll eine Anleihe beim Allerweltsnamen von Dienstmädchen gewesen sein. Dienstmädchen machten Ordnung, die Polizei tat und tut es auf ihre Art, eben auch mit der Grünen Minna.

Der Begriff hat sich gehalten, obwohl die selige Minna zur Ironie gar nicht mehr taugt.
Im Randale-Jargon nennt man die Mannschaftswagen der Polizei seit mindestens 30 Jahren Wannen, ein Vergleich mit mächtig dicken Gefäßen. Die Randale ist aber auch keine neue Wortgeburt. Randal nannten die Studenten schon um 1815 im Sog der Befreiungskriege den Aufruhr. Es ist wohl eine Wortkreuzung aus Rand (wer eine Lippe riskiert, hat einen großen Rand) und Skandal. Später wurde das Verb randalieren gebildet. Heute ist Randale fürchterlicher Zoff, der Zusammenstoß mit der Polizei bei Demos, wenn alles außer Rand und Band gerät. Auf Jiddisch heißt *zoff* Ende. Zoff ist also das Ende des Einvernehmens. Sehr wahr.

Jejend, lauter Jejend, nüscht wie Jejend

Berlin ist seit den vielen Eingemeindungen von 1920 in Bezirke gegliedert. Ursprünglich waren es 20, zu Mauer-Zeiten waren es zwölf im Westen und acht, später elf, im Ostteil der Stadt. Seit 1999 sind es zwölf. Doch das ist Verwaltungskram. Für die Bürger zählt ihr Kiez, ihre Wohngegend. Und dann haben wir noch die City Ost und die City West. Das ist nicht neu, viele empfinden es nur durch die Teilung und Wiedervereinigung der Stadt so. Was heißt überhaupt City? Früher haben wir den weltstädtischen Duft auf Französisch versprüht. Heute wird dit reenste Denglisch jequatscht. „Sprechen Sie Engleutsch?", lautet der Titel eines sprachkritischen Buches. Na, was für eine Frage aber auch!
Den Berliner Westen gab es schon lange vor der Eingemeindung, das Theater des Westens steht seit 1896 in Charlottenburg. Schon damals sprach auch der junge Alfred Kerr, der spätere berühmte Theater-Kritiker, in seinen

Artikeln für die Breslauer Zeitung vom Berliner Westen. Die kleinen Leute wagten sich überhaupt nicht in die feine Gegend um den Kurfürstendamm, es sei denn, sie leisteten sich einen Besuch im Zoo. Und für die Großbürger aus Charlottenburg und Wilmersdorf endete Berlin am Alexanderplatz. Charlottenburg galt tatsächlich einmal als die reichste Gemeinde Preußens; es konnte sich 1912 sogar eine eigene Oper leisten, heute die Deutsche Oper Berlin. Der eene is inne Jejend um de Frankfurter Allee zu Hause, der andere im Moabiter Beusselkiez oder anne Plumpe (Gesundbrunnen, Wedding). Frohnau is 'ne schöne Jejend, Friedrichshagen ooch. Davon gibt es noch viel mehr j. w. d., janz weit draußen, aber alles noch innerhalb Berlins. Schon der Volksdichter Adolf Glaßbrenner (1810 bis 1876) hatte es mit der Jejend, als die Stadt ins Umland wuchs. Glaßbrenners „Ooch 'ne schöne Jejend" wurde zur Redensart. Und wo nichts los ist, lästert man mit ihm: Jejend, lauter Jejend, nüscht wie Jejend! Kieze lagen nie j. w. d., sondern mitten in der Stadt. Früher hatte der Wohnkiez den Geruch des Ärmlichen oder doch Kleinbürgerlichen. Heute wird das Anheimelnde des Kiezes in der quirligen Riesenstadt geschätzt. Die Politik hats begriffen. Die neuen Bürgerbüros im Zuge der Bezirksreform empfehlen sich als Kiezbüros. Sprachlich haben wir es beim Kiez mit einem slawischen Wort zu tun, vermutlich hergeleitet vom altslawischen *chyzu* (Haus).

Es gab und gibt Vorort-Berliner mit Wohnsitz oder zumindest Wochenendhaus auf dem Lande. Trotzdem rümpften sie die Nase über die kleinen märkischen Provinznester in der Umgebung Berlins. Sie wollten sich nicht mit ihrem Kaff – Steigerung Kuhkaff – identifizieren. Das Kaff stammt aus der Zigeunersprache, in der ein *gav* nichts anderes als ein Dorf ist. Über das Rotwelsch sickerte das Kaff ins Berlinische ein. Geblieben ist davon der Kaffer als Spott-

und Schimpfwort für einen unbeholfenen Hinterweltler – über den sich der helle Berliner haushoch erhebt. Hat keene Ahnung, der Kaffer, is von jestern. Hau ab, du Kaffer! Nur hat der Kaffer eine Überraschung parat. Er entstammt nämlich einer jiddischen Sprachwurzel und kommt von *kapher* (Bauer).

Jemüsefritze und Wurstmaxe

Mit Namen jongliert der Berliner liebend gern ... Onkel Pelle und Buchholz sind zwar schon so lange tot, det se bald wieda uffstehn, aber Fritze, Otto, Willem, Piefke und Maxe wurden nie begraben; sie sind einfach unsterblich. Der Jemüsefritze, der Werkstattfritze, der Zeitungsfritze, der Werbefritze, der Versicherungs-, der Steuerfritze – Friedrich II., der olle Fritz, lässt grüßen. Also nee, der Volksmund hat ihm bei aller Verehrung ein respektloses Denkmal gesetzt.

Auch das scherzhafte Wort für die Unterschrift erinnert an die Namen preußischer Könige. Nu mach noch dein Friedrich Wilhelm drunter!, sagt man seit 1900, obwohl man damals unter Kaiser und König Wilhelm II. lebte. Wer aber 'n dicken Willem macht, ist ein protzender Prahlhans. Das geht jedoch nicht auf den letzten Kaiser, sondern auf König Friedrich Wilhelm II. zurück, den Neffen und Nachfolger des alten Fritz. Der Vieljeliebte oder dicke König war wegen seiner Mätressenwirtschaft und Verschwendung nicht gerade beliebt. Der falsche Wilhelm ist dagegen ein falscher Damenzopf. So viel zur Erinnerung an den Soldatenzopf, den der Soldatenkönig Friedrich Wilhelm I. verordnet hatte.

Aber warum dazwischen der unfritzische Wurstmaxe? Einer nannte sich um 1890 aus Jux „akademischer Wurstmaxe". Er hatte seinen Standplatz in der Nähe der

Universität, zuerst Unter den Linden Ecke Friedrichstraße, dann an der Weidendammer Brücke. Originale haben dem Berliner immer imponiert. Det is 'n Otto!, staunt man. Dafür stand aber nicht Otto von Bismarck, sondern Anfang der zwanziger Jahre des 20. Jahrhunderts der volkstümliche Jockei Otto Schmidt Pate. „Otto, Otto!“, feuerte ihn der Schauspieler Hans Albers auf der Pferderennbahn Hoppegarten an. Der Komponist und Pianist Fritz Schulz-Reichel entdeckte 1948 in einem Rundfunkstudio des RIAS den Klang verstimmter Klaviere als originell. Er legte sich den Beinamen schräger Otto zu. Otto Normalverbraucher ist ebenfalls seit 1948 ein Begriff. Gert Fröbe spielte denselben in dem Nachkriegsfilm „Berliner Ballade“.

Der spießige Kleinbürger Piefke, der für alles Miefige und Piefige steht, ist keine Berliner Erfindung. Macht nichts, Piefke war Preuße. Dieser Musikmeister Piefke komponierte nach der siegreichen Erstürmung der Düppeler Schanzen im deutsch-dänischen Krieg von 1864 den „Düppeler Sturmmarsch“. Die 1866 besiegten Österreicher konnten sich für ihre Niederlage nicht rächen, sondern nur ihrem gedemütigten Herzen Luft machen. Sie verhöhnten die preußischen Soldaten als Piefkes.

Da kenn Se Buchholtzen schlecht! Diese Beteuerung soll mit Friedrich dem Großen persönlich zu tun haben. Da er knickerig war, wimmelte er Bittsteller angeblich mit dem Hinweis auf seinen Schatzmeister Buchholtz (1706 bis 1798) ab: „Da kennt Er Buchholtz schlecht“. Nach einer anderen Anekdote konnte der Pfarrer einem Sterbenden die Angst nicht nehmen, im Himmel seinen Kumpan Buchholz zu treffen und so wieder ins alte Luderleben abzurutschen: Ach, Herr Pastor, da kenn Se Buchholzen schlecht! Fehlt bloß noch Onkel Pelle. In diesem Spott über unbedarfte Lustigkeit lebt der Spaßmacher der Kinderfeste im Zille-Milljöh fort.

Kanaken und Kümmeltürken

Sagen wir es frei nach Claire Waldoff: Wer schmeißt denn da mit Lehm, der sollte sich wat schem. Ach was, der Berliner schämt sich nicht für sein ungeniertes Mundwerk. Nur Redensarten, durch die sich ganze Bevölkerungsgruppen verunglimpft fühlen müssen, sind mittlerweile zum Glück ausgemerzt, zumindest aus der Schriftsprache. Wir bauen keinen Türken mehr. Auch Kümmeltürken, polnische Wirtschaft und ähnliche sprachliche Diskriminierungen sind passé.

Der Berliner kümmelte, wenn er einen Klaren kippte – den Kümmelschnaps. Denkt man an den Islam, dann war es schon grotesk, dass man soff wie ein Kümmeltürke. Doch der Ausdruck hatte anfangs überhaupt nichts mit Trinkern und Zechgelagen zu tun. Kümmeltürken nannte man etwa um 1790 scherzhaft Studenten aus der Umgebung der Universitätsstadt Halle, wo Kümmel angebaut wurde. Das hat die Assoziationslust mächtig angeregt. Die Schilder von Kolonialwarenläden, die exotische Gewürze und Genussmittel anboten, waren mit Mohren und Türken bemalt. Gewürzhändler auf Märkten trugen – reine Werbung – türkische Tracht. Später soffen (kümmelten) die Studenten wie die Kümmeltürken, und schließlich ging die Metapher in den Kneipenjargon ein. Aber in Berlin hat man auch immer wie 'n Kümmeltürke jearbeetet, also hart. Dieser Vergleich hat mit den türkischen Zuwanderern unserer Tage überhaupt nichts zu tun.

Wer anderen falsche Tatsachen vorspiegelt, baut einen Türken. Und das soll man lassen. Der erste Türke wurde 1895 im Kieler Hafen gebaut, auch nicht aus Bosheit, sondern aus höchster diplomatischer Verlegenheit. Mit einem Galadiner auf der MS „Deutschland" feierte Seine Majestät Wilhelm II. die Eröffnung des Kaiser-Wilhelm-Kanals. Alle geladenen ausländischen Würdenträger wurden mit der Nationalhymne ihres Heimatlandes begrüßt. Peinlich, dass der Kapelle die Noten der türkischen Hymne fehlten, was sie erst merkte, als sich die Barkasse mit der Halbmondflagge näherte. In seiner Not fiel dem Kapellmeister ein denkwürdiges Rettungsmanöver ein. Er ließ Besinnliches spielen: „Guter Mond, du gehst so stille, durch die Abendwolken hin".

Die Polen aus Oberschlesien, die schlecht deutsch sprachen, wurden als Wasserpolacken verspottet. Auf Kosten der gebeutelten Polen stand in Preußen die polnische Wirtschaft für Liederlichkeit und Schlendrian. Und wenn man sich auf allerhand gefasst machen konnte, war in Anspielung auf die Teilungen Polens ebenfalls Polen offen. Damals stellte man ja auch die „Wilden" aus den Kolonien auf Rummelplätzen zur Schau. Daher rührt der Vergleich ungebildeter und rückständiger Hinterwäldler sowie Proleten mit Botokuden (brasilianischer Indianerstamm) und Kanaken (Eingeborene in Hawai, heute Eigenbezeichnung der Eingeborenen in Neukaledonien). All diese Verunglimpfungen sind nun tabu, und das ist gut so. Doch merkwürdig: Die Kanaken tauchen neuerdings im Kanak-Türk von Jugendlichen wieder auf, die unter sich türkisch-deutsches Mischmasch reden. Sie wissen nichts von der Historie. Die Jeschäfte ham jetzt nich mal mehr Nejerküsse im Angebot. Na schön, die Schokoküsse schmecken jenauso jut.

Das Berliner Regelwerk

Kodder + Modder = Kuddelmuddel

Der hatte 'n Schutzengel jehabt, det kannste laut saren. Ick sare noch, da vorne kajolt eena wie 'n Irrer rum. Wat macht der denn fürn Kuddelmuddel. Bloß langsam hinter dem bleiben. Dem jehts woll danke, hopst wie 'n Ball jejen de Leitplanke und denn wieda rechts rüba, und dit'n paar Mal. Hoffentlich krichta sich wieda ein. Pustekuchen! Da wird et ooch schon bums machen und die Karre Kabolz schießen, die Autobahnböschung runta. Wir gleich anjehalten, wa, und hin. Neijen! Ick denke, mir bleibts Herze stehen. Der jungsche Fahrer krabbelt raus, als ob nüscht jewesen war, und steht da wie 'ne Eins. Dem is Tatsache nüscht passiert, war janz alleene. Bloß det kaputtje Auto hättste solln jeselm ham. War allet dran jewesen an dem Schaden, kannste vajessen, die Karre.
Der Berliner würde so ein aufregendes Erlebnis nie im Konjunktiv erzählen. Das wäre erstens zu undramatisch, und zweitens ist ihm der Konjunktiv sowieso meistens zu umständlich. Wendet er ihn ausnahmsweise doch an, dann mit Berliner Infinitiv. Er sagt nicht: Das hättest du sehen sollen, sondern: Das hättest du sollen gesehen haben. Erträglich wird diese Holperei und Stolperei nur durch den Dialekt.
Auch der Zeitsprung ist beachtlich. Wenn schon Vergangenheit, dann gleich im Plusquamperfekt. Der Unglücksrabe war injeschlafen jewesen. Folglich hatte er die Gewalt über die Karre verloren (jehabt) und kajolte rum; er kar-

riolte, eilte, raste. Das Auto überschlug sich und purzelte die Böschung hinunter. Ja, der gefährliche Ernst schreit nach einer witzigen Übertreibung: Der Wagen schoss Kabolz, er schlug einen Purzelbaum. Kabolz kommt von Kobold. Den wirklich dramatischen Höhepunkt der Geschichte aber erzählt man tunlichst im Präsens oder noch besser im Futur: Da wird et ooch schon bums machen.

So ein Kuddelmuddel. Diese Wortprägung steht seit dem 19. Jahrhundert für Durcheinander und Wirrwarr. Wir haben es wie bei Bimbam, Tamtam, Klimbim, plemplem oder Tingeltangel mit dem Spaß am klingenden Silbenspiel zu tun. Kuddelmuddel ist allerdings mehr als Lautmalerei. Hier haben sich zwei niederdeutsche Wörter eingenistet: *Kodder* für Schleim und Rotz sowie *Modder* für Schlamm und Schmutz. Im Polnischen taucht der Begriff ähnlich klingend in derselben Bedeutung als *kogelmogiel* auf.

Nein!, sagt der Berliner, wenn er fassungslos staunt, besser: Ach nee! Und das steigert er bis zum Superlativ: Also wissen Se, nee! Neijen! Pustekuchen ist ebenfalls eine starke Verneinung, drückt aber immer Enttäuschung oder Schadenfreude aus. Ähnlich wie: Denkste! Oder: So siehste aus! Ick dachte, dit klappt, aber Pustekuchen. Haste falsch jedacht, Pustekuchen!
Diese Redensart hat nun weder mit pusten noch mit der Pusteblume (verblühte Butterblume des Löwenzahn) noch mit Kuchen zu tun. Sie erinnert entfernt an den vergessenen so genannten Pustkuchen-Skandal von anno 1828. Der dichtende Pfarrer Pustkuchen war auf den seltsamen Einfall gekommen, „Wilhelm Meisters Lehrjahre" des großen Johann Wolfgang von Goethe anonym fortzusetzen. Damit war Herr Pustkuchen aber böse hereingefallen.

Wenn der König Majestäteken wird

Marie Anne Dutitre (1748 bis 1827) muss eine originelle Person gewesen sein. Sonst wäre sie nicht in so vielen Anekdoten als das Urbild der Berliner Madame aus der französischen Kolonie gepriesen worden. Willibald Alexis hat ihr in seinem Roman „Ruhe ist die erste Bürgerpflicht" als Madame Braunbiegler ein Denkmal gesetzt, Ludwig Makowski tat es in dem Lustspiel „Madame Dutitre". Majestäteken soll sie ihren König arglos despektierlich genannt haben. Das Berlinern ließ sie sich auch von ihrer feinen Gesellschaftsdame nicht abgewöhnen. Deren Ermahnungen konterte sie schlagfertig: „Ick bin mein janzet Leben lang jeloofen un hab den reichen Dutitre jekricht, un Sie sind *gegangen* un haben keenen nich abjekricht".
Wat sich Berlina allet erlauben, da is ja 't Ende von weg. Aba deswejen keene Scham nich! Unser Dialekt hat ja

durchaus seine Regeln. Man muss sie nicht im Kopf haben, man hat sie im Gefühl. Zugegeben, sie sind kompliziert. Der Berliner Sprachraum war vielen Einflüssen ausgesetzt – und eine Art Scheidegrenze zwischen dem niederdeutschen und dem ostmitteldeutschen Sprachgebiet. Außerdem: keine Regel ohne Ausnahme. Manches haben wir uns abgewöhnt. Die doppelte Verneinung wird nur noch im Scherz gebraucht. Und wer immer noch *un* statt *und* sagt, ist auch von gestern.

Doch loofen und koofen lass ick ma nich nehmen, et hieß ja niederdeutsch *lopen* und *köpen*. Richtig, nur bei Wörtern aus dem Niederdeutschen wird ein langes o berlinert. Deshalb laufen und kaufen wir nicht. Deshalb ist auch ein Baum ein Boom. Nur sehen wir keene Bööme (Bäume) mehr wie unsere Ahnen noch im 19. Jahrhundert, sondern nur noch hochdeutsch gebeugte Bäume. Mitunter wird der Umlaut äu im Plural aber seit eh und je völlig ignoriert. Gegen Mäuse hilft die Mausefalle, die Lauseharke (Kamm) jedoch kaum gegen Läuse. Beugefaule sagen auch glatt: Er sauft.

Vielfach wird au zum kurzen u und dafür der folgende Konsonant verdoppelt. Immer feste druff! Komm ruff, mach deine Hausuffjaben! Dabei fällt mir uff: Das niederdeutsche Hus ist seit Jahrhunderten weg. Wo niederdeutsch ein e statt ei stand, wird es meist ebenfalls berlinert. Dit macht keene Arbeet. Doch merke: vor l wird ei nie zu e. Eile mit Weile, dit heilt schon. Dagegen steht ei, wo niederdeutsch i war: (Swin – Schwein). Ja, nach dieser Regel muss es eindeutig mein, dein, sein heißen. Doch wir sind inkonsequent. Deine und seine Mutta sind zwar niemals deene und seene Mutta, aber manchmal hört man „meene Mutta".

Unter dem niederdeutschen Einfluss einerseits und dem späteren sächsisch-lausitzisch-schlesischen Einfluss andererseits darf man es mit der Klangfarbe halten, wie man will; das machte sich früher von Kiez zu Kiez viel stärker bemerkbar als heute. Daher spricht der jebüldete Berlina ü statt i. Nüscht für unjut, er sagt Müschung, Bürne, Fürsich (Pfirsich), Kürsche, Kürche. Dagegen halten es umgekehrt manche bei bestimmten Wörtern mit i statt ü und e statt ö, was man aber nur noch selten heraushört. Brill nich so, mechte sein, det deine Lunge Lecher kricht, kiek lieba in die scheenen Biecher. So unbekümmert rasch wie der Berliner Buchstaben und ganze Silben verschluckt, so jerne hängt er schwungvoll einen zusätzlichen Vokal ans Wortende. Da is Musike drin, dit kommt von selber, von janz alleene. Er macht eben so ville Wind mit sein kurzet Hemde, wa?

Die Reise nach Gerusalem

Familienhistörchen haben auch mit Geschichte zu tun. Meine Mutter und meine Tante weigerten sich als kleine Mädchen, Onkel Josef zu sagen; für sie war er Onkel Gosef. Sie dachten, das wäre korrekt, denn meine Mutter wurde oft Jerda gerufen. Da berlinern als ordinär galt, gab es sogar Leute, die Gerusalem für Hochdeutsch hielten. Au watte, die Rejeln. Aber wir sind nich uff de Ohrn jefalln, und wir haben Oogen im Kopp, keene falschen Oojen. Wir haben das j an der richtigen Stelle im Jefühl, und das stimmt mit den Regeln überein. Dis kannste glooben, nich etwa jlooben.
Bei aller Vorliebe für den Buchstaben j: G wird nur im Anlaut und nach e, i, ei, o, r zu j, selten jedoch in Verbindung mit l: Jans, Jetreide, Zijarre, Jeije, und, ach Jottchen nee, Jurjel, Jaljen. G wird auch zu r, nämlich nach a, ä, o, u, au. Der Jeger will jaren (Der Jäger will jagen).

Aber er is uff de Jaacht, weil er g auslautend als ch spricht. Der Boren muss sich biejen, also biecht er sich (Der Bogen muss sich biegen, also biegt er sich). Das Lamm wird jesäucht, aber et muss sauren. Manchmal wird g zu k: Kiek dir mal die Klucke an.

Mit dem Konsonanten r ist es überhaupt so eine Sache. Wir sind Berlina und keine Balina. So falsch berlinern nur Fremde, die nicht wissen, dass -er lediglich am Wortende zum kurzen a gerät. Berlin bleibt Berlin. Jedes Kleinkind, das über ein schmerzhaftes Wehwehchen getröstet wird, hat es im Ohr: Aua, aua, schreit der Baua. Das inwendige r wird oft verschluckt wie andere Buchstaben auch: Komm essen, Richad, die Katoffeln wern kalt. In Anfällen von Vornehmheit taucht das r andererseits auf, wo es gar nichts zu suchen hat – wie bei Kartarrh (Katarrh) und Kartun (Kattun).

Also bloß kein pf! Das machen wir im Anlaut zu f, im Ablaut zu pp. Da halten wir uns streng ans Niederdeutsche: Ferd, Flaume, Fand, Fund, Appel, Knopp Kopp, Zippel. Inwendig wird pp oft zum butterweichen bb wie bei Schrubber und strubbelich. Andererseits wird b im Anlaut knallhart p gesprochen: Prezel, Puckel. Das f verwandelt sich im Inlaut in b, im Auslaut mit Anhängsel zum w: Wo hat der Deibel die Stiebel versteckt? Zu doof, die doowe Nuss. Ebenso wird aus t und tt öfter d und dd: Düre, Dod, Madratze, buddeln, schliddern, Zoddeln (Haare). Allerdings haben wir keine Lust, übern spitzen Stein zu stolpern. Wenn schon, schtolpern wir übern schpitzen Schtein. Da ist uns die niederdeutsche Erbschaft wurscht, wir lieben schtarke Zischlaute. Nur ausgerechnet das z gerät zum Berliner Lispeln: Ssuhause lagern ssentnerweise Ssitronen und Ssucker.

Natürlich sind k und ck statt ch niederdeutsch, nur fast verschwunden. Aber ick bin übrich jeblieben, kiek mal an.

Icke? Na, wer sonst! Männeken, jetzt komm ick! Im Ernst: Icke sagt man nur ausnahmsweise zur Betonung des eigenen Ichs – vergleichbar etwa dem französichen: C'est moi. Wer steht draußen? Icke!
Auch das t statt s hat als niederdeutsches Relikt wat Jutet. Et is jut. Na wat denn? Det oder dit? Das ist egal. Original niederdeutsch und damit wirklich urberlinisch war ursprünglich dat; im Rheinland ist es erhalten. Es ist so, dass man früher von Kiez zu Kiez unterschiedlich det oder dit sagte. In den letzten Jahrzehnten hat sich dit stärker durchgesetzt. Und wer fein Hochberlinisch berlinert, sagt: dis. Dette sagt man überhaupt nicht, höchstens mal: Wat'n ditte da? Det steht allerdings oft für dass. Wer dis bestreitet, der beweist nur, det er nich Bescheid weeß.

Mit den Fällen auf Kriegsfuß

Lügen haben kurze Beine. Am kürzesten sind Müllern seine. Dieser Satz (Name geändert) fiel Ende 1988 im Berliner Abgeordnetenhaus. Dass der Vorwurf der Lüge nicht ganz so schlimm gemeint war, signalisierte der Angreifer, indem er die Attacke durch bewusstes Berlinisch entschärfte; man durfte schmunzeln. Die Episode zeigt, dass der Berliner mit den Fällen auf Kriegsfuß steht. Doch andere Dialekte haben schließlich auch ihre Eigenarten, die mit der Sprachentwicklung zusammenhängen.
Ist die Tasche Dir? So fragt Anna aus Oberhessen. Nee, Christel ihre. So antwortet Elke aus Berlin. Märker und Berliner kriegen sogar die Kurzform fertig: Wems Tasche? Dem falschen Dativ in der Frage folgt prompt der falsche Akkusativ in der Antwort. Also wem seine? Na, die ihre. Die Scheu vor dem Genitiv ist stärker als der Schmerz im Ohr. Da hilft ooch den Lehrer seine Predicht nüscht. Mit

Vorliebe werden Präpositionen mit dem Akkusativ benutzt, wenn sie nach dem Dativ schreien. Von die, mit die, zu die. Immer mit'n Kopp durch de Wand! Da biste vonne Socken. Es fällt zum Glück nicht immer auf. Fährt einer mit de Bahn, hat er es (grammatikalisch) einfacher als mits Rad. Wo aber der Akkusativ hingehört, greift sich der Berliner den Dativ. Das ist durch keine Verschleifung zu vertuschen. Meinste mir? Dir Aas kenn ick! Lebenslauf, ick erwarte dir! Stellt man die Warum-Frage, kommt man hinter die Ursache der Fehlgriffe. Im Niederdeutschen sind Dativ und Akkusativ zu einem Fall verschmolzen; man sagte nur mi und di.

Als Kurfürst Joachim I. Anfang des 16. Jahrhunderts hart gegen die räuberische Wegelagerei der Ritter durchgriff, drohten ihm rebellische Junker: „Jochimke, Jochimke, hüte dy, fangen wy dy, so hangen wy dy"! Die Berliner pflegen das Erbe dieser Indifferenz. Sie sagen ma und da statt mir und mich, dir und dich. Damit ist man zwar nicht immer, aber oft aus dem Schneider. Das heißt: Vor de (den) Mitmenschen blamiert man sich nicht, vor de (die) Leute schon. Mach da (dir) nüscht draus. Ick lass ma (mich) ooch nich irritieren.

Wäre ja ein Wunder, wenn die falschen Fälle vor dem Plural halt machten. Der noch ziemlich junge Obst- und Gemüsebauer aus Glindow erläuterte mir im Sommer 2001 auf dem Markt in Berlin-Zehlendorf echt märkisch-berlinisch, warum er nicht mit Tomaten dienen konnte: „Na, weil ihr friert. Et is nachts zu kalt, da wolln se nich rot wern". Preußens König Friedrich Wilhelm IV. lehnte bekanntlich 1849 die Kaiserkrone der Frankfurter Nationalversammlung ab, weil sie nicht von Gottes Gnaden sein sollte. Ungeniert riet General Wrangel Seiner Majestät, eine Abordnung der Paulskirchenversammlung gar nicht erst zu empfangen: „Majestät, ihr nich rinlassen"!

Ach Ernst, ach Ernst, wat du mir allet lernst. Hier verweisen die Fachleute obendrein auf den Einfluss des Ostmitteldeutschen. Dort stand lernen auch für lehren, im Niederdeutschen legte man Wert auf den Unterschied. Doch komm mal mit mich mit nach Magdeburg. Dort kiek in die Köken (Küche) der niederdeutschen Sprachgrundierung. Sie haben sich glasklar für die Vergötterung des Akkusativs entschieden. Wir in Berlin aber vergöttern gar nichts, wir sind nicht pingelig. Wie heißt es in der Volkspoesie? Ick liebe dir, ick liebe dich, wie't richtich is, det weeß ick nich. Ick lieb nich uffn dritten Fall, ick lieb nich uffn vierten Fall, ick liebe dir uff alle Fälle. So, nu is jenuch mit de Rejeln. Mehr als ein Einblick kann nicht sein.

Zum Schluss: Nur noch Bahnhof verstanden

Meine gute alte Tante Evemarie aus Berlin-Wilmersdorf lebt seit 1975 in Amerika, aber jeden Sommer kommt sie auf Besuch. Sie berlinerte eigentlich nie. Erst seit einigen Jahren kehrt sie öfter die Berlinersche heraus, denn sie muss mächtig meckern. Det fällt mir uff, sagte sie verärgert, und jedet Jahr mehr seit der Einheit. Kann man mit euch überhaupt noch 'n Wort Deutsch reden? Nicht einen Satz höre und lese ich, in den nicht mindestens drei Amerikanismen geschraubt sind! So'n verquirlter Quatsch! Ihr habt doch woll 'n kleenen Lüttitü.
Ich hielt ihr allerlei Argumente entgegen. Jede Sprache lebt und verändert sich mit den Zeitläufen. Man spricht, wie es gebraucht wird, war immer so. Wir reden ja auch nicht mehr wie im Mittelalter. Und ohne Englisch geht es überhaupt nicht mehr. Die Computer, die Informationstechnik, die Wirtschaft, die Globalisierung, die Jugendsprache ... Sie wehrte mit Lust ab: Jetzt mach mal 'n Punkt, geh mir bloß damit ab. Dass sich die Erde dreht und die Welt verändert, das weiß ich. Ich laufe nicht auf den Ohren und habe keine Tomaten auf den Augen. Aber wat seid ihr bloß für Berliner Pflanzen, det ihr't so übertreibt!
Den Einwand, dass wir auch die Französisch-Flut der letzten 300 Jahre sehr gut absorbiert haben, ließ sie natürlich nicht gelten. Du machst mir Spaß. Daraus kamen doch noch herrliche Wortschöpfungen! Und vergiss das Jiddische nicht. So isses doch nich mehr, alles trocken, fantasielos, bürokratisch und fürchterlich gewollt. Wunderbar,

dass alle Englisch können, und muss auch so sein. Aber es is doch 'n Witz, dass ihr die Umgangssprache damit vollpumpt. Keine Werbung, keine Presse, kein Sender kommen ohne aus. Und die Showmaster und Comedy-Fritzen sind auch nicht inspirierend. Die ollen Berliner verstehen bloß noch Bahnhof. Euer kleener David redt mit seinen sechs Jahren ooch schon wie sein Gameboy und wie 'n Computer. Die Nachkriegszeit fiel ihr ein. Sieh mal, über 40 Jahre hatten wir hier die Westalliierten. Wir haben sie sehr geschätzt. Und die Russen. Aber sprachlich blieb von dieser ganzen Zeit nicht viel mehr hängen als das bisschen Datsche. Ja, die Datscha (Landhaus) ist russisch. Und jetzt legt ihr plötzlich los wie verrückt. Wenn dis der Weltstadtgeist sein soll, na ich weiß nich. – Ach nee, entgegnete ich, du hast noch einen Koffer in Berlin und son Heimweh nach dem Kurfürstendamm. Das ist doch jetzt vorbei. Die alten Kamellen haben wir lange genug gepflegt und exportiert, die ollen Kalauer auch. Die Erinnerung an die Historie genügt.

Wie war es denn zu ihrer Lyzeumszeit in Wilmersdorf mit dem verjuxten altberlinischen Deutsch-Französisch? Sie schmunzelte, denn ein solcher Vers fiel ihr ein: Voulez vous nich mit mich jehn? Mit mich in die Boomalleen? Non, Müssjöh, det peut nich être, denn Maman die sitzt am fenêtre und kiekt mit ihre deux yeux bleus mitten in die Boomallee. Nun, die Kids und jungen Leute von heute. Die Love Parade is 'n Event, aber der Berliner Senat will die Rawer nich mehr sponsern. Wenigstens ham se jecheckt, dass dis Olympiastadion uff neu jemacht wird, damit es für global events wie die champions league 'n prima host wird. Und die Bürokraten im City Shirt (Oberhemd) in den Firmen und Amtsstuben? Gebäudebewirtschaftung heißt jetzt Facility Management. Und so weiter. Es gab einen Senator, der empfahl sich als Global player. Er forderte,

Berlin als „die Capital of Talent zur digitalen Hauptstadt zu machen". Na, wundervoll.

Wirklich, beim Denglisch oder auch Engleutsch versteht man oft Bahnhof. Aber gerade diese Redewendung ist alt. Sie entstand gegen Ende des Ersten Weltkrieges. Die Soldaten gaben damit zu verstehen, dass sie vom Krieg die Nase voll hatten und nur noch nach Hause wollten. Daher das Bahnhofsbild. Hans Fallada nannte die Wendung in „Wolf unter Wölfen" dann „die gängigste Redensart" der Inflationszeit. Sie hat sich eingebürgert.

Und wo bleibt das Berlinische bei all dem Neuen, das auf uns einstürzt? Diese Sorge um den Identitätsverlust ist wahrlich nicht neu. Lassen wir Wilhelm Raabe sprechen („Villa Schönow", 1884): „Det is nu Berlin, mein Sohn. Jott bessere es und uns und lasse ihm und uns unsere Ankunft jedeihen! Ick für mein Teil heiße dir von Herzen zu seine Verjrößerung und Verschönerung willkommen; denn uff eenen Zujezogenen und Nachjemachten kann es mir in diesem Fall jar nich ankommen. Sind wir Richtigen, Injebornen eenmal uff den Aussterbeetat jesetzt, na, so müssen wir et uns eben jefallen lassen, wie die Mohikaner, die richtigen Athenienser und ähnliche Klassiker, wie Fräulein Julie sagt, sich et ooch haben passieren lassen müssen. Richtig, die janze Pferdebahn voll Dresdener, Leipzijer, Linksmainer, Bremer, Hamburger und det übrige Krethi und Plethi! An seine eijene Muttersprache wird man von Tach zu Tach irre in det unjlückselige Weltnest!"

Da musste auch die Tante herzlich lachen. Spätestens seit dem Hauptstadtumzug von Bonn nach Berlin haben wir es wieder sehr mit „Zujezogenen und Nachjemachten" zu tun. Doch Neuberliner haben uns zu allen Zeiten, wie die Geschichte lehrt, unendlich viel gegeben. Und die Berliner Luft hat sie oft schneller geprägt, als sie selbst gedacht hätten. Solange der Berliner Witz noch aus dem ureigenen

Naturell dieser Stadt sprießt und ansteckend wirkt, muss einem trotz aller Veränderungen nicht um den unverwechselbaren Zungenschlag bange sein. Diese Gewissheit soll am Ende der Betrachtung über unser Mundwerk und seine Herkunft stehen.

Literatur

Appel, Andrea: Die Katze im Sack kommt mir spanisch vor. Redensarten auf den Grund gegangen, Berlin 1987.

Constantin, Theodor: Das neue Berliner Schimpfwörterbuch, Edition Jule Hammer, Berlin 1997 (15. Aufl.).

Dittmar, N.; Schlobinski, P.: Wandlungen einer Stadtsprache. Berlinisch in Vergangenheit und Gegenwart, Berlin 1987.

Franke, Wilhelm: So red't der Berliner. Ein lustiger Sprachführer, Berlin 1990 (14. Aufl.).

Harndt, Ewald: Französisch im Berliner Jargon, Berlin 1996 (13. Aufl.).

Kiaulehn, Walther: Der richtige Berliner in Wörtern und Redensarten. Verfaßt von Hans Meyer und Siegfried Mauermann. Bearbeitet und ergänzt von W. Kiaulehn, München 1996 (12. Aufl.).

Küpper, Heinz: Wörterbuch der deutschen Umgangssprache, Stuttgart 1993.

Lederer, Franz: Ick lach' ma'n Ast. Sprache, Wesen und Humor des Berliners, Berlin 1990 (5. Aufl.).

Nachama, Andreas: Jiddisch im Berliner Jargon, Berlin 1996 (4. Aufl.).

Schlobinski, Peter: Berlinisch für Berliner und alle, die es werden wollen, Berlin 1984.

Schlobinski, Peter: Berliner Wörterbuch, Berlin 1993 (2. überarb. Aufl.).

Wiese, Joachim: Kleines Brandenburg-Berliner Wörterbuch, Leipzig 1996.